THE PORTUGUESE TRAVELMATE

compiled by
LEXUS

with
Mike Harland
and
Alberto Luis de Moura Rodrigues

RICHARD DREW PUBLISHING
Glasgow

RICHARD DREW PUBLISHING LTD.
6 CLAIRMONT GARDENS
GLASGOW G3 7LW
SCOTLAND

First Published 1982
First Reprint April 1982
Second Reprint May 1984
New Edition 1986
New Edition 1988
Reprinted 1989
Reprinted 1990

ISBN 0 86267 214 7

Printed in Great Britain by
Cox & Wyman Ltd.

YOUR TRAVELMATE
gives you one single easy-to-use list of useful
words and phrases to help you communicate in
Portuguese.

Built into this list are:
- Travel Tips with facts and figures which provide
  valuable information.
- Portuguese words you'll see on signs and notices
- typical replies to some of the things you might
  want to say.

There is a menu reader on pages 70–71 and
numbers and the Portuguese alphabet are given
on pages 127–128.

Your TRAVELMATE also tells you how to
pronounce Portuguese. Just read the
pronunciations as though they were English and
you will communicate – although you might not
sound like a native speaker.

One special sound:
j is like the second consonant in 'measure' or
'seizure'.
And uh should be pronounced as in English 'a' or
the 'u' in 'butter'.
Vowels given in italics show which part of a word
to stress.

Where two translations are given the second is
the feminine form.

a, an um, uma [oom, *oo*muh]
   200 escudos a litre duzentos escudos o litro
   [doozentoosh shk*oo*d*ooz* oo leetroo]
abdomen o abdómen [a*b*domeng]
aberto open
aboard a bordo [bordoo]
about: is he about? está aqui? [shtah ak*ee*]
   about 15 cerca de quinze [s*ai*r-kuh duh k*ee*nz]
   about 2 o'clock por volta das duas [poor
   voltuh dush d*oo*-ush]
above em cima [eng s*ee*muh]
   above that em cima disso [. . . d*ee*soo]
abroad no estrangeiro [noo shtranj*a*yroo]
absolutely! com certeza! [kong sert*eh*-zuh]
accelerator o acelerador [ass*u*lluh-ruh-d*o*r]
accept aceitar [assay-t*a*r]
accident um acidente [asseed*e*nt]
   there's been an accident houve um acidente
   [ove oom asseed*e*nt]
» *TRAVEL TIP: EEC reciprocal health agreement*
   applies; see **hospital**
accommodation o alojamento [alojuh-m*e*ntoo]
   we need accommodation for three
   queríamos alojamento para três pessoas [kree-
   amooz alojuh-m*e*ntoo para tresh pessoh-ush]
» *TRAVEL TIP: apart from hotels, there is also a*
   cheaper category called 'pensão' which is quite
   adequate and provides meals
accurate certo [s*ai*rtoo]
acenda as luzes headlights on
ache uma dor [dor]
   my back aches tenho dor nas costas [t*e*nyoo
   dor nush k*o*shtush]

....

A.C.P. = *Automóvel Clube de Portugal* like AA
  or RAC
across através de [atravesh duh]
  how do we get across? como atravessamos?
  [komoo atravsuh-moosh]
adaptor um adaptador [adaptuh-dor]
address o endereço [endereh-soo]
  will you give me your address? quer dar-me
  o seu endereço? [kair darmuh oo seh-oo . . .]
admission a entrada [entrah-duh]
advance: can we book in advance? podemos
  marcar lugar antecipadamente? [poodeh-moosh
  merkar loogar antusseepah-duh-ment]
advert o anúncio [anoons-yoo]
afraid: I'm afraid I don't know lamento, mas
  não sei [lamentoo, mush nowng say]
  I'm afraid so lamento que sim [kuh seeng]
  I'm afraid not lamento que não
after: after you você primeiro [vosseh
  preemayroo]
  after 2 o'clock depois das duas [depoish dush
  doo-ush]
afternoon a tarde [tard]
  this afternoon esta tarde [eshtuh . . .]
  in the afternoon à tarde [ah tard]
  good afternoon boa tarde [bo-uh tard]
aftershave aftershave
again outra vez [oh-truh vesh]
against contra [kontruh]
age a idade [eedahd]
  under age menor [muh-nor]
  it takes ages leva muito tempo [levvuh
  mweentoo tempoo]
ago: a week ago há uma semana [ah oomuh
  suh-mah-nuh]
  it wasn't long ago não foi há muito tempo
  [nowng foy ah mweentoo-tempoo]
  how long ago was that? há quanto tempo
  aconteceu? [ah kwantoo tempoo . . .]
agree: I agree concordo [kong-kordoo]

it doesn't agree with me faz-me mal [fash–]
água potável *drinking water*
air o ar [ahr]
   by air de avião [davvee-*o*wng]
   by airmail por avião
   air conditioning ar condicionado [ar
   kondeess-yoon*a*h-doo]
airport o aeroporto [a-*a*irooportoo]
alarm o alarme [alahrm]
   alarm clock o despertador [dushpairtuh-d*o*r]
alcohol o álcool [alkw*o*l]
   is it alcoholic? tem álcool [teng . . .]
Alfândega *Customs*
alive vivo [v*ee*voo]
   is he still alive? ainda está vivo? [a-*ee*nduh
   shtah v*ee*voo]
all todo [t*o*h-doo]
   all night toda a noite [t*o*h-dah noyt]
   that's all wrong está tudo errado [shtah
   t*oo*doo err*a*h-doo]
   all right muito bem [mw*ee*ntoo beng]
   that's all é tudo [eh t*oo*doo]
   thank you – not at all obrigado – não tem de
   quê [oh-brig*a*h-doo – nowng teng duh keh]
allergic: I'm allergic to sou alérgico a [soh
   al*a*irjikoo . . .]
allowed permitido [permeet*ee*doo]
   is it allowed? é permitido? [eh . . .]
   allow me permita-me [perm*ee*ta-muh]
almost quase [kwahz]
alone só
   did you come here alone? veio só?
   [v*a*yoo . . .]
   leave me alone deixe-me em paz [d*a*ysh-muh
   eng pash]
already já
also também [tamb*e*ng]
alternator o alternador [altair-nad*o*r]
although embora [emb*o*r-uh]
alto *halt*

altogether totalmente [tootalment]
  what does that make altogether? a quanto
  monta tudo isso? [uh kwantoo montuh toodoo
  ee-soo]
aluga-se to let
always sempre [sempruh]
a.m. da manhã [duh munyang]
» TRAVEL TIP: *official times are usually expressed
  by 24 hour system*
ambassador o embaixador [embye-shuh-dor]
ambulance ambulância [amboolanss-ya]
  get an ambulance! chame uma ambulância!
  [shahm oomuh . . .]
» TRAVEL TIP: *dial 115; often quicker and cheaper
  by taxi*
America a América do Norte [. . . doo nort]
American norte-americano [nortee-amerikah-
  noo]
among entre [entruh]
amps amperes [ampeh-rush]
  15 amp fuse um fusível de quinze amperes
  [foozeevel duh keenz . . .]
anchor a âncora [ankooruh]
and e [ee]
angry zangado [zangah-doo]
  I'm very angry estou muito zangado [shtoh
  mweentoo zangah-doo]
  please don't get angry por favor, não se irrite
  [poor fuh-vor, nowng seerreet]
animal o animal [aneemal]
ankle o tornozelo [toornoozelloo]
anniversary: **it's our anniversary** é o nosso
  aniversário [eh oo nossoo aneeversahr-yoo]
annoy: **he's annoying me** está a chatear-me
  [shtah uh shut-yar-muh]
  it's very annoying que maçada! [kuh
  mussah-duh]
another: **can we have another room?**
  podemos ter um outro quarto? [poodeh-
  moosh tair oom oh-troo kwartoo]

another beer, please mais uma cerveja, se faz favor [myze oomuh serveh-juh, suh fash fuh-vor]

answer: what was his answer? o que respondeu? [oo kuh reshpondeh-oo]

there was no answer não houve resposta [nowng ove reshposhtuh]

antifreeze o anticongelante [anteekonjuh-lant]

any: have you got any bananas/butter? tem bananas/manteiga [teng banahnush/mantayguh]

I haven't got any não tenho [nowng tenyoo]

anybody qualquer pessoa [kwalkair pessoh-uh]

can anybody help? alguém pode ajudar? [algaing pod ajoodar]

anything qualquer coisa [kwalkair koy-zuh]

I don't want anything não quero nada [nowng kairoo nah-duh]

aperitif um aperitivo [apurreeteevoo]

apology: please accept my apologies por favor, peço-lhe desculpa [poor fuh-vor, pessoolyuh deshkoolpuh]

I want an apology peço uma satisfação [pessoo oomuh sateesh-fassowng]

appendicitis a apendicite [apendeeseet]

appetite o apetite [uh-peteet]

I've lost my appetite perdi o apetite [perdee oo . . .]

apple a maçã [masang]

application form uma folha de inscrição [fol-yuh deenshkree-sowng]

apricot o damasco [damashkoo]

April Abril [abreel]

aqualung garrafas de oxigénio [garrah-fush doxi-jenn-yoo]

area a zona [zoh-nuh]

arm o braço [brah-soo]

around *see* **about**

arrange: will you arrange a taxi/a table/ tickets? pode conseguir-me um táxi/uma

mesa/um bilhete [pod konsug*geer*-muh oom
taxi/oomuh m*e*h-zuh/oom beel-yet]
  it's all arranged está tudo tratado [shtah
  t*oo*doo trat*a*h-doo]
arrest prender [prend*air*]
  he's been arrested foi preso [foy pr*e*h-zoo]
arrival a chegada [shuh-g*a*h-duh]
arrive chegar [shuh-g*ar*]
  we only arrived yesterday chegámos ontem
  mesmo [shuh-ga*m*mooz *o*nteng m*e*j-moo]
art a arte [art]
art gallery a galeria de arte [gall*ee*-uh dart]
arthritis a artrite [artr*ee*t]
artificial artificial [artif*ee*ss-y*a*l]
artist o pintor [peent*o*r]
as: as quickly as you can tão depressa quanto
  puder [t*ow*ng duh-pr*e*ssuh kw*a*ntoo pood*air*]
  as much as you can tanto quanto puder
  [t*a*ntoo kw*a*ntoo pood*air*]
  do as I do faça como eu faço [f*a*ssuh koh- moo
  *e*h-oo f*a*ssoo]
  as you like como quiser [koh-moo keez*air*]
ashore: to go ashore desembarcar
  [dezembark*a*r]
ashtray o cinzeiro [seenz*a*yroo]
ask: could you ask him to . . . podia pedir-lhe
  para . . . [pood*ee*-uh ped*ee*r-lyuh para . . .]
  I didn't ask for that não pedi isso [nowng
  ped*ee* *ee*-soo]
asleep: he's still asleep está ainda a dormir
  [shta uh-*ee*ndah doo-rm*ee*r]
asparagus o espargo [shp*a*rgoo]
aspirin a aspirina [ushp*ee*r*ee*nuh]
assistant *(shop)* o empregado [empruh-g*a*h-doo]
asthma asma [*a*jma]
at: at the café no café [noo kuff*e*h]
  at my hotel no meu hotel [noo m*e*h-oo o-t*e*l]
  at one o'clock à uma [ah *oo*muh]
atmosphere a atmosfera
  [atmoosh-f*ai*ruh]

attitude a atitude [ateet*ood*]
attractive tentador [tent-a-d*or*]
  I think you're very attractive penso que és
  muito atraente [p*e*nsoo kee esh mw*ee*ntoo
  atrah-*e*nt]
aubergine a beringela [bereenj*e*lluh]
August Agosto [ag*o*shtoo]
aunt: my aunt minha tia [m*ee*n-yuh t*ee*-uh]
Australia Austrália [owsh-tr*a*h-lee-uh]
Australian australiano [owsh-tralee-*a*h-noo]
authorities as autoridades [uz ow-toorid*a*h-
  dush]
autocarro bus (stop)
automatic *(car)* automático [ow-toom*a*tikoo]
autumn Outono [o-t*o*h-noo]
away: is it far away from here? é longe daqui?
  [eh lonj dak*ee*]
  go away! vai-te embora! [vye-tuh emb*o*ruh]
awful horrível [orr*ee*vel]
axle o eixo [*a*y-shoo]
baby o bebé [beb*e*h]
  we'd like a baby-sitter gostávamos de
  arranjar uma baby-sitter [goosht*a*h-vamoosh
  darranj*a*r oomuh . . .]
back: I've got a bad back tenho uma dor nas
  costas [t*e*n-yoo oomuh dor nush k*o*sh-tush]
  I'll be back soon estou de volta em breve
  [shtoh duh v*o*ltuh aim brev]
  can I have my money back? posso reaver o
  meu dinheiro? [p*o*ssoo re-av*ai*r oo m*e*h-oo
  din-y*a*y-roo]
  come back! venha cá! [v*e*n-yuh kah]
  I go back tomorrow regresso amanhã
  [regr*e*ssoo uh-man-y*a*ng]
  at the back atrás [atr*a*sh]
bacon o 'bacon'
  bacon and eggs ovos com bacon [*o*vvoosh . . .]
bad mau/má [m*a*h-oo/mah]
  it's not bad não é mau [nown*g* eh m*a*h-oo]
  too bad! que pena! [kuh p*e*h-nuh]

bag um saco [sackoo]
  (handbag) uma mala de mão [oomuh mah-luh
  duh mowng]
  (suitcase) uma mala de viagem [oomuh
  mah-luh duh vee-ah-jeng]
baggage a bagagem [bagah-jeng]
baker's a padaria [padduh-ree-uh]
balcony a varanda
  a room with a balcony um quarto com
  varanda [oom kwartoo kong . . .]
ball uma bola [bolluh]
ball-point pen uma esferográfica
  [shferoografikuh]
banana uma banana [banah-nuh]
band a orquestra [orkesh-truh]
bandage uma ligadura [leeguh-doo-ruh]
  could you change the bandage? pode mudar
  a ligadura? [pod moodar uh . . .]
bank o banco [oo bankoo]
» *TRAVEL TIP: banking hours: 8.30 to 12.00 and*
  1.00 to 2.30 Mon–Fri. Closed Sat & Sun: in
  Lisbon try airport; bank holidays see **public**
bar um bar [bar]
  when does the bar open? a que horas abre o
  bar? [uh kee-oruz abroo bar]
barber's a barbearia [barbee-aree-uh]
bargain: it's a real bargain é uma pechincha
  [eh oomuh pusheenshuh]
barmaid a empregada de balcão
  [empruh-gah-duh duh bal-cowng]
barman o barman
basket um cesto [seshtoo]
bath um banho [ban-yoo]
  can I have a bath? posso tomar um banho?
  [possoo toomar . . .]
  could you give me a bath towel? pode
  dar-me uma toalha de banho? [pod dar-muh
  oomuh too-al-yuh duh ban-yoo]
bathing costume um fato de banho [fah-too duh
  ban-yoo]

bathroom a casa de banho [kah-zuh duh ban-yoo]
  we want a room with a private bathroom queremos um quarto com casa de banho [kreh-mooz oom kwartoo kong . . .]
  can I use your bathroom? posso ir à casa de banho? [possoo eer ah . . .]
battery a bateria [battuh-ree-uh]
be ser [sair]
beach a praia [prah-yuh]
beans *(green)* feijão [fay-jowng]
  (broad) favas [fah-vush]
beautiful lindo [leendoo]
  that was a beautiful meal foi uma refeição óptima [foy oomuh ruh-fay-sowng ottimuh]
because porque [poor-kuh]
  because of the bad weather por causa do mau tempo [poor cow-zuh doo mah-oo tempoo]
beco sem saída cul-de-sac
bed a cama [kah-muh]
  single/double bed cama individual/cama de casal [kah-muh eendiveedoo-al/. . . duh kazal]
  you haven't changed my bed não mudou a roupa da minha cama [nowng moo-doh uh roh-puh duh meen-yuh kah-muh]
  bed and breakfast dormida e pequeno almoço [doo-rmeeduh ee pekeh-noo al-mo-soo]
bedroom o quarto de dormir [kwartoo duh doo-rmeer]
bee uma abelha [abell-yuh]
beef a carne de vaca [karn duh vah-kuh]
beer a cerveja [ser-veh-juh]
  two beers, please duas cervejas, por favor [doo-ush ser-veh-jush poor fuh-vor]
» *TRAVEL TIP: 'cerveja' implies a lager-type beer, usually the only type available*
before: before breakfast antes do pequeno almoço [antsh doo pekeh-noo al-mo-soo]
  before we leave antes de partirmos [antsh duh perteermoosh]

....

I haven't been here before nunca aqui estive
[noonkuh akee shteev]

begin: when does it begin? quando começa?
[kwandoo koomessuh]

behind atrás de [atrash duh]
the car behind me o carro atrás de mim [oo
karroo atrash duh meeng]

believe: I don't believe you não o acredito
[nowng oo akredeetoo]
I believe you acredito

bell a campainha [kampuh-eenyuh]

belong: that belongs to me isso é meu [eessoo
eh meh-oo]
who does this belong to? a quem pertence
isto? [uh keng pertenss eeshtoo]

below em baixo [embye-shoo]
below that debaixo disso [duh-bye-shoo
deesoo]

belt um cinto [seentoo]

berries bagas [bah-gush]

berth (on ship) um beliche [beleesh]

beside junto a [joontoo uh]

best o melhor [mul-yor]
it's the best holiday I've ever had foram as
melhores férias que já tive [for-owng ush
mul-yorush fair-yush kuh jah teev]

better melhor
haven't you got anything better? não tem
nada melhor? [nowng teng nah-duh mul-yor]
are you feeling better? sente-se melhor?
[sent-suh mul-yor]
I'm feeling a lot better sinto-me muito
melhor [seentoo-muh mweentoo mul-yor]

between entre [entr]

beyond além de [a-leng duh]
beyond the mountains para além das
montanhas [prah leng dush montahn-yush]

bicycle uma bicicleta [bee-see-kletta]
can we hire bicycles here? alugam-se aqui
bicicletas? [aloo-gowng-suh akee-klettush]

....

big grande [grand]
   a big one um maior [oom muh-yor]
   that's too big é grande demais [eh grand duh-my-sh]
   it's not big enough é pequeno
   have you got a bigger one? tem um maior?
bikini um bikíni
bilheteira ticket office
bill a conta [kontuh]
   could I have the bill, please? a conta, por favor [uh kontuh, poor fuh-vor]
bird um pássaro [passuh-roo]
birthday o dia de anos [dee-uh dah-noosh]
   happy birthday feliz aniversário [feleez anneeversar-yoo]
biscuit uma bolacha [boolashuh]
bit: just a little bit só um bocadinho [so oom bookadeen-yoo]
   that's a bit too expensive é um bocado caro
   a bit of that cake uma fatia daquele bolo [oomuh fatee-uh dakehl bo-loo]
bite uma mordedura [moordadooruh]
   I've been bitten fui mordido [fwee moordeedoo]
bitter amargo [amargoo]
black preto [preh-too]
   he's had a blackout teve um desmaio [tev oom dush-my-oo]
bland brando [brandoo]
blanket um cobertor [koobertor]
   I'd like another blanket queria mais um cobertor [kree-uh myz oom koobertor]
bleach lixívia [leesheev-yuh]
bleed sangrar
   he's bleeding está a sangrar [shtah sangrar]
bless you *(after sneeze)* santinho [santeen-yoo]
blind cego [seh-goo]
blister uma borbulha [boorbool-yuh]
blonde uma loira [loy-ruh]
blood o sangue [oo sanguh]

his blood group is . . . o grupo sanguíneo dele é . . . [oo groopoo sangwin-yoo dehl eh]
I've got high blood pressure a minha tensão é alta [uh meenyuh ten-sowng eh altuh]
he needs a blood transfusion precisa duma transfusão de sangue [preseezuh doomuh tranjfoo-zowng duh sanguh]
blouse uma blusa [bloozuh]
blue azul [azool]
board: full board pensão completa [pen-sowng komplettuh]
   half board meia pensão [mayuh pen-sowng]
   boarding pass o cartão de embarque [oo kar-towng dembark]
boat um barco [barkoo]
body o corpo [oo kore-poo]
   (dead body) um cadáver [kadaver]
boil ferver [furvair]
   (med) um furúnculo [fooroonkooloo]
   do we have to boil the water? é preciso ferver a água? [eh pruh-seezoo furvair uh agwuh]
boiled egg um ovo cozido [o-voo koozeedoo]
bone o osso [o-soo]
bonnet *(car)* a capota [kapottuh]
book um livro [leevroo]
   booking office a bilheteira [beel-yuh-tayruh]
   can I book a seat for . . . posso reservar um bilhete para . . .? [possoo rezervar oom beel-yet para]
   I'd like to book a table for four queria reservar uma mesa para quatro pessoas [kree-uh rezervar oomuh meh-zuh para kwatroo pussoli-ush]
   bookshop a livraria [leevruh-ree-uh]
boot uma bota [bottuh]
   (car) a mala [mah-luh]
booze: I had too much booze last night ontem à noite apanhei uma grande bebedeira [onteng ah noyt apan-yayoomüh grand bubba-day-ruh]

border a fronteira [front*a*yruh]
bored: I'm bored estou chateado [shtoh shutty-*a*h-doo]
boring maçador [massuh-d*o*r]
born: I was born in ... nasci em ... [nash-s*ee*]
boss o patrão [patr*o*wng]
both os dois [oosh d*o*ysh]
   I'll take both of them levo os dois [l*e*vvoo oosh doysh]
bottle uma garrafa [garr*a*h-fuh]
   bottle-opener um saca-rolhas [oom sackuh-r*o*l-yush]
bottom: at the bottom of the hill no sopé do monte [noo soop*e*h doo mont]
box uma caixa [k*y*-shuh]
boy um rapaz [rap*a*sh]
boyfriend namorado [namoor*a*h-doo]
bra um soutien [sootya*ng*]
bracelet uma pulseira [pools*a*y-ruh]
brake *(noun)* o travão [trav*o*wng]
   could you check the brakes? pode ver-me os travões? [pod v*a*ir-muh oosh trav-*o*ingsh]
   I had to brake suddenly tive de travar de repente [teev duh trav*a*r duh rep*e*nt]
   he didn't brake não travou [nowng tra-v*o*h]
brandy um brandy
bread pão [powng]
   could we have some bread and butter? traga pão e manteiga, se faz favor [tr*a*h-ga powng ee mant*a*y-ga suh fash fuh-v*o*r]
   some more bread, please mais pão, por favor [m*y*-sh powng poor fuh-v*o*r]
break partir [pert*ee*r]
breakable frágil [fr*a*jeel]
breakdown uma avaria [avuh-r*ee*-uh]
   I've had a breakdown tive uma avaria [teev oomuh avuh-r*ee*-uh]
   nervous breakdown esgotamento nervoso [eejgotuh-m*e*ntoo nerv*o*zoo]
» *TRAVEL TIP: breakdown services: nearest garage!*

....

breakfast o pequeno almoço [pek*eh*-noo alm*o*-soo]
breast o peito [p*ay*-too]
breath a respiração [rushpeera-s*o*wng]
breathe respirar [rushpeer*a*r]
   I can't breathe não posso respirar [nowng p*o*ssoo . . .]
bridge a ponte [pont]
briefcase a pasta [p*a*shtuh]
brighten up: do you think it'll brighten up later? pensa que o tempo ainda melhora? [pensuh kee-*oo* tempoo a-*ee*nduh mel-y*o*ruh]
brilliant brilhante [breel-y*a*nt]
bring trazer [traz*ai*r]
Britain Grã-Bretanha [grambretahn-yuh]
British britânico [breet*ah*-nikoo]
brochure um folheto [fol-y*e*ttoo]
   have you got any brochures about . . .? tem alguns folhetos sobre . . .? [teng alg*oo*ngsh fol-y*e*ttoosh s*o*h-bruh]
broken partido [pert*ee*doo]
   you've broken it partiu-o [pert-y*oo*-oo]
   it's broken está partido [shtah pert*ee*doo]
   my room/car has been broken into o meu quarto foi remexido [oom*eh*-oo kw*a*rtoo foy remush*ee*doo]/o meu carro foi assaltado [oo m*eh*-oo k*a*rroo foy assal-t*ah*-doo]
brooch um alfinete de peito [al-feen*e*t duh p*ay*-too]
brother: my brother meu irmão [m*eh*-oo eer-m*o*wng]
brown castanho [kasht*ah*n-yoo]
   (tanned) bronzeado [bronzee-*a*h-doo]
   brown paper papel de embrulho [puh-p*e*l dembr*oo*lyoo]
browse: can I just browse around? posso dar uma vista de olhos por aí? [possoo dar *oo*muh v*ee*shtuh d*o*l-yoosh poor a-*ee*]
bruise uma contusão [kontoo-z*o*wng]
brunette *(noun)* uma morena [m*oo*reh-nuh]

brush *(noun)* uma escova [shkovvuh]
  (artist's) um pincel [peensell]
Brussels sprouts couve de Bruxelas [kove duh brooshellush]
bucket um balde [bal-duh]
buffet o bufete [boofet]
building o edifício [eedifeess-yoo]
bulb uma lâmpada [lampa-duh]
  the bulb's gone a lâmpada fundiu-se [uh lampa-duh foond-yoo-suh]
bull um touro [toh-roo]; **bullfight** uma tourada *in Portugal the bull is not killed*
bump: he's had a bump on the head ele bateu com a cabeça [ehl bateh-oo kong uh kabeh-suh]
bumper o pára-choques [para-shocksh]
bunch: a bunch of flowers um ramo de flores [rah-moo duh florush]
bunk um beliche [beleesh]
buoy a bôia [boh-yuh]
burglar um ladrão [lad-rowng]
  they've taken all my money roubaram-me todo o meu dinheiro [roh-barowng-muh toh-doo oo meh-oo dunyay-roo]
burnt: this meat is burnt esta carne está esturricada [eshtuh karn shtah shtoorikah-duh]
  my arms are burnt queimei os braços [kay-may oosh bra-soosh]
  can you give me something for these burns? pode receitar-me alguma coisa para estas queimaduras? [pod russay-tar-muh al-goomuh koy-zuh para eshtush kay-madoorush]
bus um autocarro [owtoo-karroo]
  bus stop uma paragem de autocarro [oomuh parah-jeng dowtoo-karroo]
  could you tell me when we get there? podia dizer-me onde é que devo sair? [podee-uh deezair-muh onduh eh kuh devvoo suh-eer]
business um negócio [negoss-yoo]

I'm here on business estou aqui em negócios [shtoh ak*ee* eng negoss-yoosh]

business trip uma viagem de negócios [oomuh vee-*a*h-jeng . . .]

none of your business isso não é contigo [*ee*ssoo nowng eh kont*ee*goo]

bust o peito [p*a*y-too]

» *TRAVEL TIP: bust measurements*

UK	32	34	36	38	40
Portugal	*80*	*87*	*91*	*97*	*102*

busy ocupado [o-koop*a*h-doo]

(telephone) impedido [eemped*ee*doo]

but mas [mush]

butcher's o talho [t*a*l-yoo]

butter a manteiga [mant*a*y-guh]

button um botão [boot*o*wng]

buy: I'll buy it levo este [l*e*vvoo ehsht]

where can I buy . . .? onde posso comprar . . .? [*o*nduh possoo kompr*a*r]

by: I'm here by myself estou aqui sozinho [shtoh ak*ee* soz*ee*n-yoo]

are you by yourself? estás sozinha? [shtash soz*ee*n-yuh]

can you do it by tomorrow? pode fazê-lo para amanhã? [pod faz*e*h-loo prah man-y*a*ng]

by train/car/plane de comboio/carro/avião [duh k*o*mb*o*yoo/k*a*rroo/av-y*o*wng]

I parked by the trees estacionei o carro debaixo das árvores [shtass-yoon*a*y oo k*a*rroo de-by-shoo duz*a*rvoorush]

who's it made by? quem é que o fez? [keng eh kee-*oo* fesh]

cabaret um cabaré [kabar*e*h]

cabbage uma couve [k*o*ve]

cabin *(on ship)* um camarote [kama-rot]

café um café [kuff*e*h]

» *TRAVEL TIP: most cafés and bars provide both non-alcoholic and alcoholic drinks as well as snacks; a 'pastelaria' sells cakes and also serves coffee, tea etc*

cais *platform*
caixa *cash desk*
cake um bolo [bo-loo]
  a piece of cake uma fatia de bolo [fat*ee*-uh
  duh bo-loo]
calculator uma máquina de calcular
  [m*a*cky-nuh duh kalkool*a*r]
call: will you call the manager? chame o
  gerente [sham oo juh-r*e*nt]
  what are you called? como se chama?
  [k*o*-moo suh sh*a*h-muh]
  what is this called? como se chama isto?
  [. . . *ee*sh-too]
  call box uma cabine telefónica [oomuh kab*ee*n
  tul-fonnickuh]
calm *(sea)* calmo [k*a*l-moo]
  calm down! calma! [k*a*l-muh]
câmbio *foreign exchange*
camera uma máquina fotográfica [m*a*cky-nuh
  footoo-gr*a*fickuh]
camp: is there somewhere we can camp? há
  lá algum sítio para acampar? [ah lah alg*oo*m
  s*ee*t-yoo para akamp*a*r]
  can we camp here? pode-se acampar aqui?
  [p*o*d-suh akamp*a*r ak*ee*]
  campsite o parque de campismo [oo park duh
  kamp*ee*jmoo]
» TRAVEL TIP: *international campers' card
  sometimes necessary; most sites are along the
  coast.*
can¹: a can of beer uma cerveja em lata
  [ser-v*e*h-juh eng l*a*h-tuh]
  can-opener um abre-latas [*a*h-bruh l*a*h-tush]
can²: can I have . . .? queria . . . [kr*ee*-uh]
  can you show me . . .? pode mostrar-me . . .?
  [p*o*d moosh-tr*a*r muh]
  I can't . . . não posso . . . [nowng p*o*ssoo]
  he can't . . . não pode . . . [. . . p*o*d]
  we can't . . . não podemos . . . [. . .
  pood*e*h-moosh]

Canada Canadá [kan-adah]
Canadian canadiano [kanadee-ah-noo]
cancel: I want to cancel my booking quero
  cancelar a minha marcação [kairoo kanselar uh
  meen-yuh markuh-sowng]
  can we cancel dinner for tonight? podemos
  desmarcar o jantar de hoje à noite?
  [poodeh-moosh dushmarkar oo jantar doje ah
  noyt]
candle uma vela [velluh]
  by candlelight à luz da vela [ah loosh . . .]
capsize soçobrar [soo-soobrar]
car o carro [karroo]
  by car de carro [duh . . .]
carafe um jarro [jarroo]
cáravan uma roulotte [roo-lot]
carburettor o carburador [karbooruh-dor]
cards cartas [kar-tush]
  do you play cards? sabe jogar às cartas? [sab
  joo-gar ash kar-tush]
care: goodbye, take care adeus, tome cuidado
  [a-deh-oosh, tom kweedah-doo]
  will you take care of this for me? toma-me
  conta disto, por favor? [tomuh-muh kontuh
  deeshtoo, poor fuh-vor]
careful: be careful tenha cuidado [ten-yuh
  kweedah-doo]
car ferry o 'ferry boat'
car park o estacionamento
  [shtass-yoonuh-mentoo]
carpet o tapete [tuh-pet]
carrots cenouras [sun-o-rush]
carry: will you carry this for me? leve-me
  isto, por favor [lev-muh eeshtoo, poor fuh-vor]
carry cot um carrinho de bebé [kareen-yoo duh
  bebeh]
carving uma obra de talha [obruh duh tal-yuh]
casa de banho bathroom
case *(suitcase)* a mala [mah-luh]
cash dinheiro [din-yay-roo]

I haven't got any cash estou sem dinheiro
[shtoh seng . . .]
to pay in cash pagar à vista [ah veesh-tuh]
cash desk a caixa [uh kye-shuh]
will you cash a cheque for me? troca-me este
cheque? [trocka-muh eh-sht sheck]
casino o casino [kazeenoo]
cassette uma cassette
castle o castelo [kashtelloo]
cat o gato [gah-too]
catch: where do we catch the bus? onde se
apanha o autocarro? [onduh see apan-yuh oo
ow-too-karroo]
he's caught a bug apanhou uma infecção
[apan-yoh oomuh eemfessowng]
cave basement
cathedral a catedral [kuttadral]
cauliflower uma couve-flor [kove-flor]
cave uma caverna [kavairnuh]
ceiling o tecto [tettoo]
celery aipo [eye-poo]
cellophane celofane [seloofan]
centigrade centígrado [senteegradoo]

» *TRAVEL TIP: to convert C to F:* $\frac{C}{5} \times 9 + 32 = F$

centigrade	−5	0	10	15	21	30	36.9
Fahrenheit	23	32	50	59	70	86	98.4

centimetre centímetro [senteemetroo]
» *TRAVEL TIP: 1 cm = 0.39 inches*
central central [sentral]
with central heating com aquecimento
central [kong akussy-mentoo sentral]
centre o centro [sentroo]
how do we get to the centre? como se vai
para o centro, por favor? [ko-moo suh vye proh
sentroo, poor fuh-vor]
certain certo [sair-too]
are you certain? tem a certeza? [teng uh
ser-teh-zuh]
certificate a certidão [ser-tee-downg]

chain uma cadeia [kaday-uh]
chair uma cadeira [kaday-ruh]
chambermaid a criada de quarto [kree-ah-duh duh kwar-too]
champagne champanhe [sham-pan-yuh]
change: could you change this into escudos? pode trocar isto por escudos? [pod trookar eeshtoo poor shkoodoosh]
   I haven't any change não tenho troco [nowng ten-yoo troh-koo]
   do we have to change trains? temos de mudar de comboio? [teh-moosh duh moodar duh komboyyoo]
   I'd like to change my booking queria mudar a minha reserva [kree-uh moodar uh meen-yuh rezairvuh]
   I'll just get changed vou mudar de roupa [voh moodar duh roh-puh]
» *TRAVEL TIP: changing money: look for sign 'câmbio' in banks or hotels; take your passport with you; most banks accept cheques with banker's card.*
channel: the Channel o Canal da Mancha [kanal da man-shuh]
charge: what will you charge? quanto vai pedir? [kwantoo vye pedeer]
   who's in charge? quem é o responsável? [keng eh oo rushponsah-vel]
chart *(sea)* uma carta [kar-tuh]
cheap barato [barah-too]
   cheaper mais barato [my-sh . . .]
cheat: I've been cheated fui enganado [fwee enganah-doo]
check: will you check? pode verificá-lo? [pod verifeekah-loo]
   I'm sure, I've checked tenho a certeza, porque eu próprio verifiquei [ten-yoo uh ser-teh-zuh, poor-kee eh-oo propree-oo verifeekay]
   will you check the total? quer conferir a

conta? [kair konfuh-re*er* uh k*o*n-tuh]
cheek a face [uh fass]
cheeky descarado [dushkar*a*h-doo]
cheerio até à vista [at*e*h ah v*ee*sh-tuh]
  (toast) saúde [suh-*oo*d]
cheers! *(toast)* saúde [suh-*oo*d]
  (thank you) obrigadinho [o-brigad*ee*n-yoo]
cheese queijo [k*a*y-joo]
  say cheese! sorria! [soo-rr*ee*-uh]
chef o cozinheiro [oo koozeen-y*a*y-roo]
chegadas *arrivals*
chemist's a farmácia [fur-m*a*ss-yuh]
» *TRAVEL TIP: a chemist can advise on minor*
  ailments; the duty chemist rota, with addresses,
  is to be found on the door (or in local press)
cheque um cheque [sheck]
  will you take a cheque? aceita um cheque?
  [a-s*a*ytuh oom sheck]
  cheque book o livro de cheques [l*ee*vroo duh
  sh*e*cksh]
  cheque card o cartão bancário [kar-t*o*wng
  ban-k*a*r-yoo]
» *TRAVEL TIP: see* **change**
chest o peito [p*a*y-too]
» *TRAVEL TIP: chest measurements*

UK	34	36	38	40	42	44	46
Portugal	87	91	97	102	107	112	117

chewing gum pastilha elástica [pash-t*ee*l-yuh
  eel*a*sh-tickuh]
chicken *(food)* frango [fr*a*n-goo]
chickenpox a varicela [varee-s*e*lluh]
child uma criança [kree-*a*n-suh]
  my children os meus filhos [oosh m*e*h-oosh
  feel-yoosh]
  children's portion meia dose [m*a*y-uh doze]
chin o queixo [k*a*y-shoo]
china a porcelana [poor-sull*a*h-nuh]
chips batatas fritas [bat*a*h-tush fr*ee*tush]
  (casino) fichas [f*ee*shush]
chocolate chocolate [shookool*a*t]

....

a box of chocolates uma caixa de bombons
[oomuh kye-shuh duh bombonsh]
hot chocolate um chocolate quente [oom
shookool*a*t kent]
choke *(car)* o ar [ar]
chop *(noun)* uma costeleta [kooshtel*e*ttuh]
Christian name nome (de baptismo) [nom duh
bat*ee*jmoo]
Christmas o Natal [nuh-t*a*l]
  Happy Christmas! Feliz Natal! [fel*ee*sh . . .]
church a igreja [eegr*e*h-juh]
  where is the Protestant/Catholic church?
  onde é a Igreja Protestante/Católica? [ondee
  eh uh eegr*e*h-juh proot-sht*a*nt/kat*o*llikuh]
cider cidra [s*ee*-druh]
cigar um charuto [shar*oo*too]
cigarette um cigarro [see-g*a*rroo]
  would you like a cigarette? quer um cigarro?
  [kair oom . . .]
  tipped/plain cigarettes . . . com/sem filtro
  [kong/saim f*ee*ltroo]
cine-camera uma câmara de filmar [k*a*mmeruh
duh feelm*a*r]
cinema o cinema [seen*e*h-muh]
circle um círculo [s*ee*r-kooloo]
  (cinema) balcão [bal-c*o*wng]
city a cidade [see-d*a*hd]
clarify clarificar [klarry-feek*a*r]
clean *(adjective)* limpo [l*ee*m-poo]
  can I have some clean sheets? mude-me os
  lençóis, por favor [m*oo*d-muh oosh len-s*o*ysh,
  poor fuh-v*o*r]
  my room hasn't been cleaned today hoje o
  meu quarto não foi arrumado [oje oo m*e*h-oo
  kw*a*r-too nowng foy aroom*a*h-doo]
  it's not clean não está limpo [nowng shtah
  l*ee*mpoo]
cleansing cream creme de limpeza [crem duh
leemp*e*h-zuh]

....

clear: I'm not clear about it estou com dúvidas acerca disso [shtoh kong doovy-dush assair-kuh dee-soo]

clever esperto [shpair-too]

climate o clima [kleemuh]

cloakroom o vestiário [vushty-ar-yoo] *(W.C.)* os lavabos [oosh lavah-boosh]

clock um relógio [reloj-yoo]

close[1] perto [pair-too] *(weather)* abafado [abafah-doo]

close[2]: when do you close? a que horas fecha? [a kee orush feshuh]

closed encerrado [enserrah-doo]

cloth pano [pah-noo]; *(rag)* um trapo [trappoo]

clothes a roupa [roh-puh]

cloud uma nuvem [nooveng]

clutch a embraiagem [emb-rye-ah-jeng] **the clutch is slipping** a embraiagem patina

coach a camioneta [kamee-oo-netta] **coach party** um grupo de excursão [oom groopoo dush-koor-sowng]

coast a costa [koshtuh] **coastguard** a guarda costeira [gwarduh koosh-tay-ruh]

coat um casaco [kazah-koo]

cockroach uma barata [barah-tuh]

coffee café [kuffeh] **white coffee/black coffee** um garoto/uma bica [oom garoh-too/oomuh beekuh]

coin uma moeda [moo-eh-duh]

cold frio [free-oo] **I'm cold** tenho frio [ten-yoo . . .] **I've got a cold** apanhei uma constipação [apan-yay oomuh konshteepa-sowng]

collapse: he's collapsed desmaiou [dushma-yoh]

collar a colarinho [koolareen-yoo]

» *TRAVEL TIP: collar sizes*

(old) UK:	14	14½	15	15½	16	16½	17
continental:	36	37	38	39	41	42	43

collarbone a clavícula [klavee-kooluh]
collect: I want to collect ... venho buscar ...
  [ven-yoo booshkar]
colour a cor [kohr]
  have you any other colours? tem doutras
  cores? [teng doh-trush kohrush]
comb um pente [pent]
come vir [veer]
  I come from London sou de Londres [soh duh
  lon-drush]
  we came here yesterday chegámos cá ontem
  [shugammoosh kah on-teng]
  come on! despache-se! [dush-pashuh-suh]
  come with me venha comigo [ven-yuh
  koo-meegoo]
comfortable confortável [komfoortah-vel]
  it's not very comfortable não é muito
  confortável [nowng eh mweentoo ...]
Common Market o Mercado Comum
  [merkah-doo koomoong]
communication cord o alarme [alarm]
company uma companhia [kompan-yee-uh]
  you're good company és um tipo bestial [ez
  oom teepoo bushtee-al]
compartment (train) o compartimento
  [komparteementoo]
compass uma bússola [boosooluh]
compensation indemnização
  [eendemneezuh-sowng]
  I demand compensation exijo uma
  indemnização [eezee-joo oomuh ...]
complain queixar-se [kay-shar-suh]
  **I want to complain about my room/the
  waiter** quero queixar-me do quarto/do
  empregado [kairoo kay-shar-muh doo
  kwartoo/doo empruh-gah-doo]
  have you got a complaints book? tem um
  livro de reclamações? [teng oom leevroo duh
  recklamuh-soingsh]
completely completamente [komplettuh-ment]

completo full up

complicated: it's very complicated é muito complicado [eh mweentoo komplik*a*h-doo]

compliment: my compliments to the chef transmita ao cozinheiro que tudo estava muito bom [tranj-m*ee*tuh ow koozeen-y*a*y-roo kuh t*oo*doo sht*a*h-vuh mweentoo bong]

concert um concerto [kons*ai*rtoo]

concussion traumatismo [trowma-t*ee*j-moo]

condition a condição [kondee-s*o*wng]

it's not in very good condition não está em muito boas condições [nowng shtah eng mweentoo bo-ush kondee-s*o*ingsh]

conference a conferência [konfer*e*n-see-uh]

confession a confissão [konfeess*o*wng]

confirm confirmar [konfeerm*a*r]

confuse: you're confusing me está a confundir-me [shtah uh konfoond*ee*r-muh]

congratulations parabéns [para-b*e*ngsh]

conjunctivitis a conjuntivite [konjoontiv*ee*t]

con-man um vigarista [veega-r*ee*sh-tuh]

connection *(travel)* a ligação [leega-s*o*wng]

connoisseur um conhecedor [koonyuh-sed*o*r]

conscious consciente [konsh-see-*e*nt]

consciousness: he's lost consciousness ele desmaiou [ehl dush-ma-y*o*h]

constipation prisão de ventre [preez*o*wng duh ventr]

consul o cônsul [k*o*nsool]

consulate o consulado [konsool*a*h-d*o*o]

contact: how can I contact . . .? como posso contactar . . .? [k*o*-moo possoo kontact*a*r]

contact lenses lentes de contacto [lentsh duh kont*a*ktoo]

contraceptive um contraceptivo [–sept*ee*voo]

convenient conveniente [konven-y*e*nt]

cook: it's not cooked não está bem cozinhado [nowng shtah beng koozeeny*a*h-doo]

it's beautifully cooked está muito bem feito [shtah mweentoo beng f*a*y-too]

you're a good cook é boa cozinheira [eh bo-uh koozeen-yay-ruh]
cooker o fogão [foogowng]
cool fresco [freshkoo]
corkscrew um saca-rolhas [sacka-rol-yush]
corn *(foot)* um calo [kah-loo]
corner: on the corner na esquina [nuh shkeenuh]
  in a corner num canto [noom kantoo]
  can we have a corner table? podemos ficar naquela mesa do canto? [poodeh-moosh feekar nakelluh meh-zuh doo kantoo]
cornflakes 'cornflakes'
correct exacto [eezattoo]
Correio Post Office
cosmetics cosméticos [koojmettikoosh]
cost: what does it cost? quanto custa? [kwantoo kooshtuh]
  that's too much é muito caro [eh mweentoo kah-roo]
  I'll take it levo isso [levvoo ee-soo]
cotton algodão [al-goo-downg]
  cotton wool algodão
couchette beliche [beleesh]
cough *(noun)* tosse [tohss]
  cough drops rebuçados para a tosse [reboosah-doosh prah tohss]
could: could you please . . .? pode . . . por favor? [pod . . . poor fuh-vor]
  could I have . . .? pode dar-me . . .? [pod dar-muh]
country o país [pa-eesh]
  in the country no campo [noo kampoo]
couple: a couple of . . . um par de . . .
courier o guia turístico [ghee-uh tooreeshtikoo]
course *(of meal)* prato [prah-too]
  of course! claro! [klah-roo]
court: I'll take you to court vou processá-lo [voh proo-sessah-loo]

cousin: my cousin o meu primo [oo meh-oo
preemoo]
cover: keep him covered tapem-no
[tapeng-noo]
   cover charge imposto adicional [eemposhtoo
adeess-yoo-nal]
cow uma vaca [vah-kuh]
crab um caranguejo [karangheh-joo]
craft shop uma loja de artigos regionais [lojjuh
darteegoosh rej-yoon-eye-sh]
crash: there's been a crash houve um desastre
[ove oom dezash-truh]
   crash helmet um capacete [kap-a-set]
crazy: you're crazy tu és doido [too esh
doy-doo]
cream creme [crem]
creche uma 'creche'
credit card um cartão de crédito [kartowng duh
kreditoo]
crisis uma crise [kreez]
crisps batatinhas [batateen-yush]
crossroads um cruzamento [kroozuh-mentoo]
crowded apinhado [apeen-yah-doo]
cruise um cruzeiro [kroozay-roo]
crutch uma muleta [moolettuh]
   (of body) as ilhargas [uz eel-yar-gush]
cry chorar [shorar]
   don't cry não chore [nowng shore]
cuidado caution
cup uma chávena [shavven-uh]
   a cup of coffee um café [oom kuffeh]
cupboard um armário [armar-yoo]
curry caril [kareel]
curtains cortinas [koorteenush]
cushion uma almofada [oomuh almoofah-duh]
Customs Alfândega [al-fan-dugguh]
cut: I've cut myself cortei-me [koor-tay-muh]
cycle: can we cycle there? podemos ir até lá de
bicicleta [poodeh-mooz eer ateh lah duh
bee-see-klettuh]

....

cylinder o cilindro [see-*leen*-droo]
  cylinder-head gasket junta para cabeça de
  cilindro [*joon*tuh para kabeh-suh duh . . .]
dad(dy) paizinho [pye-*zeen*-yoo]
damage: I'll pay for the damage pago os
  estragos [p*a*h-goo oosh sht*ra*h-goosh]
  it's damaged está amachucado [sht*a*h
  amashook*a*h-doo]
damn! raios me partam! [rye-oosh muh
  p*a*rtowng]
damp húmido [*oo*midoo]
dance: is there a dance on? vai haver baile?
  [vye av*air* byle]
  would you like to dance? quer dançar? [kair
  dans*a*r]
dangerous perigoso [pereeg*oh*-zoo]
dark escuro [shk*oo*roo]
  dark blue azul-marinho [az*oo*l-mar*een*-yoo]
  when does it get dark? a que horas anoitece?
  [a kee *or*-uz a-noy-t*e*ss]
darling querido [ker*ee*doo]
  (to woman) querida [ker*ee*duh]
dashboard o painel [pye-n*e*l]
date: what's the date? a quantos estamos hoje?
  [uh kw*a*ntoosh sht*a*h-mooz ohj]
  it's the 6th of May é seis de Maio [eh s*a*ysh
  duh m*a*h-yoo]
  in 1982 em mil novecentos e oitenta e dois [eng
  meel nov-s*e*ntooz ee oy-t*e*ntee doysh]
  can we make a date? podemos
  encontrarmo-nos outra vez? [pood*e*h-m*o*~z
  enkontr*a*rmoo-nooz *o*h-truh vesh]
  (fruit) tâmaras [t*a*mma-rush]
  » *TRAVEL TIP: to say the date in Portuguese just use*
  the ordinary number; see page 127 for a list of
  numbers
daughter: my daughter minha filha
  [*meen*-yuh f*ee*l-yuh]
day o dia [d*ee*-uh]
dazzle: his lights were dazzling me as luzes

dele encandearam-me [ush loozush dehl
enkandy-ah-rowng-muh]
dead morto [mor-too]
deaf surdo [soor-doo]
   deaf-aid um aparelho para a surdez [oom
aparel-yoo prah soordesh]
deal um negócio [negoss-yoo]
   it's a deal negócio fechado [. . . feshah-doo]
   will you deal with it? quer tratar disso? [kair
tratar dee-soo]
dear *(expensive)* caro [kah-roo]
   Dear Sir Exmo. Senhor
   Dear Madam Exma. Senhora
   Dear Francisco querido Francisco; *(written
by man)* caro Francisco
December Dezembro [dezembroo]
deck o convés [konvesh]
   deckchair uma cadeira de lona [kaday-ruh
duh lonnuh]
declare: I have nothing to declare não tenho
nada a declarar [nowng ten-yoo nah-duh uh
duh-klarar]
deep fundo [foondoo]
   is it deep? é fundo? [eh . . .]
defendant o réu [reh-oo]
delay: the flight was delayed o voo foi
atrasado [oo voh-oo foy atrazah-doo]
deliberately de propósito [duh proopozitoo]
delicate *(person)* débil [debeel]
delicatessen charcutaria [sharkoota-ree-uh]
delicious delicioso [deleess-yoh-zoo]
delivery a distribuição
   is there another mail delivery? há alguma
outra distribuição de correio? [ah algoomuh
oh-truh dush-treeb-wee-sowng duh koo-rayoo]
de luxe de luxo [duh loo-shoo]
democratic democrático [duh-mookrattikoo]
dent uma amolgadela [amolga-delluh]
   you've dented my car amolgou-me o carro
[amolgoh-muh oo karroo]

dentist o dentista [dent*ee*shtuh]
  YOU MAY THEN HEAR . . .
  abra a boca [*a*h-brah uh boh-kuh] *open wide*
  bocheche, por favor [boo-sh*e*sh, poor fuh-v*o*r]
  rinse, please
dentures a dentadura postiça [dentad*oo*ruh
  ppoosht*ee*-suh]
deny: I deny it nego isso [n*e*ggoo *ee*-soo]
deodorant um desodorizante
  [dez*o*h-dooreez*a*nt]
departure a partida [part*ee*-duh]
depend: it depends (on . . .) depende (de)
  [duh-p*e*nd duh]
deport deportar [duh-poort*a*r]
deposit um depósito [duh-p*o*zzeetoo]
  do I have to leave a deposit? tenho de deixar
  algum depósito? [t*e*n-yoo duh day-sh*a*r . . .]
depressed deprimido [duh-preem*ee*doo]
depth a profundidade [proofoondid*a*hd]
desperate: I'm desperate for a drink
  apetece-me imenso beber qualquer coisa
  [upt*e*ss-muh eem*e*nsoo buh-b*ai*r kwalk*ai*r
  k*o*y-zuh]
depósito de bagagem left luggage
dessert a sobremesa [soh-bruh-m*e*h-zuh]
destination o destino [dusht*ee*noo]
desvio diversion
detergent um detergente [duh-terjent]
detour um desvio [dujv*ee*oo]
devagar slow
devalued desvalorizado [dujvaloor*ee*z*a*h-doo]
develop: could you develop these? pode
  revelar-mas? [pod ruh-vel*a*r-mush]
diabetic diabético [dee-ab*e*ttikoo]
dialling code o código [k*o*ddy-goo]
diamond um diamante [dee-am*a*nt]
diarrhoea a diarreia [dee-ar*a*yuh]
  have you got something for diarrhoea? tem
  algum anti-laxante? [teng alg*oo*m
  anti-lash*a*nt]

diary uma agenda [ajenduh]
dictionary um dicionário [dee-see-oonaree-oo]
die morrer [moo-rair]
  he's dying está a morrer [shtah . . .]
diesel *(fuel)* gasóleo [gazoll-yoo]
diet dieta [dee-ettuh]
  I'm on a diet estou a fazer dieta [shtoh uh
  fuh-zair . . .]
different: they are different são diferentes
  [sowng deef-rentsh]
  can I have a different room? posso ter um
  outro quarto? [possoo tair oom oh-troo
  kwar-too]
  is there a different route? há alguma outra
  estrada?
  [ah algoomuh oh-truh shtrah-duh]
difficult difícil [difee-seel]
digestion a digestão [dee-jush-towng]
dinghy um bote [bot]
dining room a sala de jantar
dinner o jantar [jantar]
  dinner jacket um 'smoking'
dipped headlights faróis médios [faroysh
  med-yoosh]
direct direito
  does it go direct? vai direito? [vye deeray-too]
dirty sujo [soo-joo]
disabled deficiente [duh-feess-yent]
disappear desaparecer [duzza-par-sair]
  it's just disappeared desapareceu mesmo
  [duzza-par-seh-oo mej-moo]
disappointing: it was disappointing foi uma
  desilusão [foy oomuh duzzee-loozowng]
disco uma boîte [bwat]
  see you in the disco encontramo-nos mais
  tarde na boîte [encontrah-moo-noosh my-sh
  tard nuh bwat]
discount um desconto [dush-kontoo]
disgusting nojento [noo-jentoo]
dish o prato [prah-too]

....

dishonest desonesto [duz-oh-neshtoo]
disinfectant desinfectante [duzzeenfectant]
dispensing chemist uma farmácia
[farmass-yuh]
» *TRAVEL TIP: see* **chemist**
distance: in the distance à distância [ah
deesh-tanss-yuh]
distress signal um envio de S.O.S. [emvee-oo
duh . . .]
distributor *(car)* o distribuidor
[dushtree-bwee-dor]
disturb: the noise is disturbing us o barulho
perturba-nos [oo barool-yoo pertoorbuh-noosh]
divorced divorciado [dee-voor-see-ah-doo]
do: how do you do? muito prazer [mweentoo
prazair]
what are you doing tonight? o que fazes esta
noite? [oo kuh fah-zush esh-tuh noyt]
how do you do it? como é que faz isso?
[ko-moo eh kuh faz ee-soo]
will you do it for me? faz isso por mim? [faz
ee-soo poor meeng]
I've never done it before nunca fiz isso antes
[nunca feez ee-soo antsh]
I was doing 60 kph ia a sessenta quilómetros
por hora [ee-uh uh sessentuh keelommetroosh
poor or-uh]
he did it fê-lo [feh-loo]
doctor o médico [meddikoo]
I need a doctor preciso dum médico
[presee-zoo doom meddikoo]
» *TRAVEL TIP: look under 'médicos' in the yellow
pages (páginas amarelas); see* **hospital**
YOU MAY HEAR . . .
já sofreu disto alguma vez? *have you had this
before?*
onde é que dói? *where does it hurt?*
já está a tomar qualquer medicamento? *are you
taking any drugs?*
tome um/dois destes: de três em três horas/todos

os dias/duas vezes ao dia *take one/two of these:*
every three hours/every day/twice a day
document um documento [dookoomentoo]
dog um cão [kowng]
don't não faças isso [nowng *fa*ss-uz *ee*-soo]
see **not**
door a porta [p*o*r-tuh]
dosage a dosagem [doo-z*a*h-jeng]
double: double room um quarto duplo
[kw*a*rtoo d*o*o-ploo]
double whisky um whisky duplo
down: get down baixar [by-sh*a*r]
downstairs em baixo [em by-shoo]
drain o cano de esgoto [k*a*h-noo deej-g*o*h-too]
drawing pin um pionés [pee-oon*e*sh]
dress um vestido [vesht*ee*doo]
» *TRAVEL TIP: dress sizes*

UK	10	12	14	16	18	20
Portugal	38	40	42	44	46	48

dressing gown um roupão [roh-p*o*wng]
drink *(verb)* beber [beb*a*ir]
(alcoholic) um copo [oom k*o*ppoo]
would you like a drink? deseja tomar
alguma bebida? [dez*e*h-juh toom*a*r alg*o*omuh
bub*ee*duh]
I don't drink não bebo [nowng b*e*boo]
is the water drinkable? a água é potável? [uh
*a*h-gwuh eh poot*a*h-vel]
drive guiar [ghee-*a*r]
I've been driving all day tenho guiado todo o
dia [ten-yoo ghee-*a*h-doo t*o*h-doo d*ee*-uh]
driver o condutor [kondoot*o*r]
driving licence a carta de condução [k*a*rtuh duh
kondoo-s*o*wng]
» *TRAVEL TIP: driving in Portugal: always carry*
your licence and registration papers; seat belts
are compulsory once out of town
drown: he's drowning está a afogar-se [shtah
afoog*a*r-suh]
drug um medicamento [meddik*a*mentoo]

....

drunk bêbedo [bebdoo]
dry seco [seh-koo]
   dry-clean limpar a seco [leempar uh seh-koo]
duche *shower*
due: when is the bus due? a que horas chega o autocarro? [uh kee or-ush sheguh oo ow-too-karroo]
during durante [doorant]
dust o pó [poh]
duty-free *(shop)* a 'free-shop'
dynamo o dínamo [deena-moo]
e/esq. = *left*
each: can we have one each? pode ser um para cada um de nós? [pod sair oom para kah-duh oom duh nosh]
   how much are they each? quanto é cada um? [kwantoo eh kah-duh oom]
ear a orelha [orel-yuh]
   I have earache tenho dor de ouvidos [ten-yoo dor doh-veedoosh]
early cedo [seh-doo]
   we want to leave a day earlier queremos partir um dia antes [kreh-moosh perteer oom dee-uh antsh]
earrings brincos [breenkoosh]
east este [esht]
easy fácil [fah-seel]
Easter a Páscoa [pash-kwuh]
eat comer [koo-mair]
   something to eat alguma coisa para comer [algoomuh koy-zuh para koo-mair]
egg um ovo [oh-voo]
Eire a República do Eire [repooblikuh doo ayr]
either: either . . . or . . . ou . . . ou . . . [oh . . . oh]
   I don't like either não gosto de nenhum [nowng gosh-too duh nun-yoom]
elastic elástico [eelashtikoo]
   elastic band uma fita elástica [feetuh eelashtikkuh]

elbow o cotovelo [ko-toovelloo]
electric eléctrico [eeletrikoo]
   electric blanket um cobertor eléctrico [oom koobertor . . .]
   electric fire um aquecedor eléctrico [oom akussdor . . .]
electrician um electricista [eeletree-seeshtuh]
electricity a electricidade [eeletree-seedahd]
elegant elegante [eelagant]
elevador lift
else: something else uma outra coisa [oomuh oh-truh koy-zuh]
   somewhere else noutra parte [noh-truh part]
   let's go somewhere else vamos a qualquer outro sítio [vah-mooz uh kwalkair oh-troo seet-yoo]
   or else ou senão [oh sunnowng]
embarrassing embaraçoso [embarra-soh-zoo]
embarrassed aflito [afleetoo]
embassy a embaixada [em-by-shah-duh]
emergency uma emergência [ee-mer-jensee-uh]
empty vazio [vazee-oo]
empurre push
encerrado closed
enclose: I enclose . . . incluo . . . [eenkloo-oo]
encomendas parcels
end o fim [oo feeng]
   when does it end? quando termina? [kwandoo termeenuh]
engaged *(telephone, toilet)* ocupado [oh-koopah-doo]
   (person) noivo [noy-voo]
engagement ring o anel de noivado [anel duh noy-vah-doo]
engine o motor [mootor]
   engine trouble um problema no motor [oom prooblemmuh noo . . .]
England Inglaterra [eenglaterruh]

English inglês [eenglesh]
enjoy: I enjoyed it very much gostei imenso [gooshtay ee-men-soo]
enlargement *(photo)* uma ampliação [amplee-ussowng]
enormous enorme [ee-norm]
enough: thank you, that's enough chega, obrigado [shegguh, oh-bree-gah-doo]
entertainment divertimentos [deevertee-mentoosh]
entrada entrance
entrada proibida no entry
entrance a entrada [entrah-duh]
entry a entrada [entrah-duh]
envelope um envelope [emvelop]
equipment material [maturry-al]
error um erro [erroo]
esc. = escudos
escalator escadas rolantes [shkah-dush roo-lantsh]
especially especialmente [eesh-puss-yal-ment]
essential essencial [eesenss-yal]
  it is essential that . . . é essencial que . . . [eh . . . kuh]
estacionamento proibido no parking
Europe a Europa [eh-ooroh-puh]
evacuate abandonar [abandoonar]
even: even the British até os Britânicos [ateh oosh breetah-nikoosh]
evening a tarde [tard]
  in the evening à tarde [ah tard]
  this evening esta tarde [eshtuh . . .]
  good evening boa tarde [bo-uh . . .]
  evening dress traje de noite [trahj duh noyt]
ever: have you ever been to . . .? já alguma vez esteve em . . .? [jah algoomuh vesh shtev eng]
every: every day todos os dias [toh-dooz oosh dee-ush]
  everyone toda a gente [toh-dah jent]

....

everything tudo [*too*doo]
everywhere em toda a parte [eng . . .]
evidence provas [pr*o*vvush]
exact exacto [eez*a*ttoo]
example um exemplo [eez*e*mploo]
   for example por exemplo [poor . . .]
excellent excelente [eesh-sel*e*nt]
except: except me salvo eu [*sa*lvoo eh-oo]
excess o excesso [eesh-s*e*ssoo]
   excess baggage um excesso de bagagem
exchange *(money)* kâmbio [k*a*mb-yoo]
   (telephone) a central telefónica [sentr*a*l
   tull-f*o*nnikuh]
exciting emocionante [ee-mooss-yoon*a*nt]
excursion uma excursão [eesh-koor-s*o*wng]
excuse: excuse me *(to get past, etc.)* com licença
   [kong lees*e*nsuh]
   (to get attention) se faz favor [suh fash fuh-vor]
   (apology) desculpe [dush-k*oo*lp]
exhaust *(car)* o escape [shc*a*p]
exhausted cansado [kans*a*h-doo]
exhibition uma exposição [eesh-poozee-s*o*wng]
exhibitor o expositor [eesh-poozit*o*r]
exit a saída [suh-*ee*duh]
expect: she's expecting está à espera de bebé
   [shtah ash-p*ai*r-uh duh beb*e*h]
expenses: it's on expenses vou com ajudas de
   custo [voh kong aj*oo*dush duh k*oo*shtoo]
expensive caro [k*a*h-roo]
expert um perito [per*ee*too]
explain explicar [shpleek*a*r]
   would you explain that slowly? pode
   explicá-lo mais devagar? [pod shpleek*a*h-loo
   my-sh duh-vag*a*r]
export *(noun)* a exportação [eesh-poorta-s*o*wng]
exposure meter um fotómetro [foot*o*metroo]
extra: an extra glass/day mais um copo/dia
   [myze oom k*o*ppoo/*dee*-uh]
   is that extra? isso é um extra? [*ee*-soo eh oom
   *e*shtruh]

extremely extremamente [eesh-tremma-ment]
eye o olho [ohl-yoo]
    eyebrow sobrancelha [soh-bran-sell-yuh]
    eyeshadow sombra
    eye witness uma testemunha ocular
    [tushtamoon-yuh oh-koolar]
face a cara [kah-ruh]
fact o facto [factoo]
factory uma fábrica [fabrikkuh]
Fahrenheit Fahrenheit

» TRAVEL TIP: to convert F to C: $F - 32 \times \dfrac{5}{9} = C$

Fahrenheit	23	32	50	59	70	86	98.4
centigrade	−5	0	10	15	21	30	36.9

faint: she's fainted desmaiou [dushma-yoh]
fair *(fun)* a feira [fay-ruh]
    (commercial) a feira
    that's not fair não é justo [nowng eh jooshtoo]
faithfully: yours faithfully com os melhores
    cumprimentos
fake *(noun)* uma falsificação
    [fal-seefeeka-sowng]
fall: he's fallen caiu [kuh-yoo]
false falso [fal-soo]
    false teeth a dentadura postiça [dentadoo-ruh
    poosh-tee-suh]
family a família [fameel-yuh]
fan *(mechanical)* uma ventoinha
    [ventoo-een-yuh]
    (hand held) um leque [leck]
    (football) entusiasta [entoozee-ashtuh]
    fan belt a correia da ventoinha [koo-rayuh
    duh ventoo-eenyuh]
far longe [lonj]
    is it far? é longe? [eh lonj]
    how far is it? qual é a distância? [kwal eh uh
    deesh-tanss-yuh]
fare *(travel)* o bilhete [beelyet]
farm a quinta [keentuh]
farther mais longe [my-sh lonj]

....

fashion a moda [modduh]
fast rápido [rapeedoo]
   don't speak so fast não fale tão depressa
   [nowng fal towng duh-pressuh]
fat *(adjective)* gordo [gor-doo]
   (on meat) gordura [goordooruh]
fatal mortal [moor-tal]
father: my father meu pai [meh-oo pye]
fathom uma braça [brah-suh]
fault *(defect)* um defeito [duffay-too]
   it's not my fault a culpa não é minha [uh
   koolpuh nowng eh meen-yuh]
favourite *(adjective)* favorito [favooreetoo]
February Fevereiro [fuvray-roo]
fechado *closed*
fed up: I'm fed up estou farto [shtoh fartoo]
feel: I feel cold/hot estou com frio/calor [shtoh
   kong free-oo/kuh-lor]
   I feel sad estou triste [shtoh treesht]
   I feel like . . . apetece-me . . . [uptess-muh]
ferry o barco de passageiros [barkoo duh
   passuh-jay-roosh]
fetch: will you come and fetch me? vem
   buscar-me? [veng booshkar-muh]
fever febre [februh]
few: only a few só uns poucos [so oonsh
   poh-koosh]
   a few days só uns dias [so oonsh dee-ush]
fiancé/e noivo/a [noy-voo/-vuh]
fiddle: it's a fiddle é uma vigarice [eh oomuh
   veegareess]
field um campo [kampoo]
fifty-fifty a meias [uh meyyush]
figs figos [feegoosh]
figure a figura [feegooruh]
   (number) o algarismo [algareej-moo]
   I'm watching my figure olho para a minha
   figura [ol-yoo prah meen-yuh . . .]
fill: fill her up encha o depósito, por favor
   [enshuh oo duh-pozitoo poor fuh-vor]

to fill in a form preencher um impresso [pree-enshair oom eempressoo]

fillet um filete [feelet]

filling *(tooth)* uma obturação [obtooruh-sowng]

film um filme [feelm]

do you have this type of film? tem este tipo de película? [teng eh-shtuh teepoo duh peleekooluh]

filter filtro [feeltroo]

filter or non-filter? com filtro ou sem filtro? [kong feeltroo oh saim feeltroo]

find encontrar

if you find it se o encontrar [see oo . . .]

I've found a . . . encontrei um . . . [enkontray . . .]

fine *(weather)* bom [bong]

a 500 escudos fine uma multa de quinhentos escudos [oomuh mooltuh duh keen-yentoosh shkoodoosh]

OK, that's fine está bem [shtah beng]

finger um dedo [deh-doo]

fingernail a unha [oon-yuh]

finish: I haven't finished não terminei [nowng termeenay]

fire! fogo! [foh-goo]

can we light a fire here? podemos fazer aqui uma fogueira? [poodeh-moosh fazair akee oomuh foo-gay-ruh]

it's not firing *(car)* a corrente não chega às velas [uh koorent nowng sheg ash vellush]

fire brigade os bombeiros [oosh bombay-roosh]

fire extinguisher um extintor [shteentor]

» TRAVEL TIP: dial 32 22 22

first primeiro [pree-may-roo]

I was first eu cheguei primeiro [eh-oo shuggay . . .]

first aid primeiros socorros [pree-may-roosh sookorroosh]

first aid kit a caixa de primeiros socorros [uh kye-shuh duh . . .]

first class primeira classe

first name nome de baptismo [nom duh bate*ej*-moo]

the first of . . . um de . . . [oom duh]

fish peixe [paysh]

fishing rod/tackle cana/apetrechos de pesca [k*a*h-nuh/uptr*e*shoosh duh p*e*sh-kuh]

five cinco [s*ee*nkoo]

fix: can you fix it? *(arrange, repair)* pode arranjá-lo? [pod arranj*a*h-loo]

fizzy espumoso [shpoom*o*h-zoo]

flag a bandeira [band*a*y-ruh]

flash *(photo)* um flash

flat plano [pl*a*h-noo]; *(apartment)* um apartamento [apartam*e*ntoo]

this drink is flat esta bebida está morta [*e*shtuh beb*ee*duh shtah m*o*r-tuh]

I've got a flat *(tyre)* tenho um pneu furado [t*e*n-yoo oom pn*e*h-oo foor*a*h-doo]

flavour o sabor

flea uma pulga [p*oo*lguh]

flight o voo [v*o*h-oo]

flirt *(verb)* namoriscar [namooreeshk*a*r]

float *(verb)* boiar [boy*a*r]

floor o chão [show*ng*]

on the second floor no segundo andar [noo seg*oo*ndoo and*a*r]

on the floor no chão [noo show*ng*]

flower uma flor

flu uma gripe [oomuh greep]

fly *(insect)* uma mosca [m*o*shkuh]

foggy enevoado [eenev-w*a*h-doo]

follow seguir [sugg*ee*r]

food a comida [koom*ee*duh]

food poisoning envenenamento alimentar [envenenna-m*e*ntoo aleement*a*r]

see pages 70–71

fool tolo [t*o*h-loo]

foot o pé [peh]; **football** o futebol
[foo-tbol]; *(ball)* uma bola [bolluh]
» *TRAVEL TIP: 1 foot = 30.1 cm = 0.3 metres*
for para
forbidden proibido [proo-eebeedoo]
foreign: foreign exchange câmbio estrangeiro
[kamb-yoo shtran-jay-roo]
 foreigner um estrangeiro [shtran-jay-roo]
forest a floresta [floreshtuh]
forget esquecer-se [shkuh-sair-suh]
 I forget, I've forgotten não me lembro
[nowng muh lembroo]
 don't forget não se esqueça [nowng
sushkessuh]
 I'll never forget you nunca te esquecerei
[noonkuh tushkussa-ray]
fork um garfo [garfoo]
form *(document)* um impresso [eempressoo]
formal *(person)* cerimonioso
[surry-moon-yoh-zoo]
 (dress) de noite [duh noyt]
fortnight uma quinzena [keen-zennuh]
forward *(adverb)* para a frente [prah frent]
 forwarding address futuro endereço
[footooroo enderessoo]
 could you please forward my mail? pode
enviar-me o correio posteriormente? [pod
emvee-ar-muh oo koo-rayoo
poosh-turry-or-ment]
foundation cream creme de base [krem duh
bahz]
fracture uma fractura [fractooruh]
fragile frágil [frah-jeel]
France França [fransuh]
fraud a fraude [frowd]
free livre [leevruh]
 admission free entrada gratuita [entrah-duh
grat-weet-uh]
freight mercadorias [merkadoo-ree-yush]
French francês [fransesh]

Friday sexta-feira [se̲shtuh fa̲y-ruh]
fridge um frigorífico [freegoore̲efikkoo]
fried egg um ovo estrelado [oh-voo shtrela̲h-doo]
friend um amigo [ame̲egoo]
friendly simpático [seempa̲ttikoo]
frio cold
from de [duh]
  where is it from? donde é? [dondy-e̲h]
front a frente [frent]
  in front of you em frente de si [aim frent duh
  see]
  at the front à frente [ah . . .]
frost a geada [jee-a̲h-duh]
frozen gelado [jela̲h-doo]
fruit fruta [fro̲otuh]
  fruit salad uma salada de frutas [sala̲h-duh
  duh fro̲otush]
fry fritar [freeta̲r]
  nothing fried nada frito [na̲h-duh free̲too]
  frying pan uma frigideira [freejeeda̲y-ruh]
full cheio [sha̲yoo]
fumadores smokers
fun: it's fun é divertido [eh deeverte̲edoo]
funny *(strange)* estranho [shtran̲-yoo]
  (comical) engraçado [engrassa̲h-doo]
furniture os móveis [oosh mo̲vvaysh]
further mais longe [my-sh lonj]
fuse um fusível [fooze̲evel]
future futuro [footo̲oroo]
  in future no futuro [noo . . .]
gale uma rajada [raja̲h-duh]
gallon um galão [galo̲wng]
» *TRAVEL TIP: 1 gallon = 4.55 litres*
gallstone um cálculo biliar [ka̲lkooloo beel-ya̲r]
gamble jogar [jooga̲r]
gammon fiambre [fee-a̲mbruh]
garage *(repair)* uma garagem [gara̲h-jeng]
  (petrol) uma bomba de gasolina [bombuh duh
  gazoole̲enuh]; *(parking)* um estacionamento
  [ishtu̲ss-yoona-me̲ntoo]

» *TRAVEL TIP: petrol stations do not usually have any mechanics, so look for nearest general garage or 'garagem de serviço'*

garden o jardim [jardeeng]

garlic o alho [al-yoo]

gas gás [gash]

  (petrol) gasolina [gazooleenuh]

  gas cooker um fogão a gás [foogowng uh gash]

  gas cylinder uma bilha de gás [beel-yuh duh gash]

gasket uma junta [joontuh]

gay *(homosexual)* uma bicha [beesh-uh]

gear *(car)* a mudança de velocidades [moodan-suh duh veloosidah-dush]

  (equipment) o equipamento [eekeep-amentoo]

  gearbox trouble um problema na caixa de velocidades [proobleh-muh nuh kye-shuh duh veloosidah-dush]

  gear lever a alavanca das mudanças [alavankuh dush moodan-sush]

  I can't get it into gear não posso meter a mudança [nowng possoo metair uh moodan-suh]

gelo ice

gents Homens [ommengsh]

gesture um gesto [jeshtoo]

get: will you get me a . . .? traga-me um . . . [trah-guh muh . . .]

  how do I get to . . .? como vou para . . .? [ko-moo voh para]

  where can I get a bus for . . .? onde posso apanhar um autocarro para . . .? [onduh possoo apanyar oom owtoo-karroo para]

  when can I get it back? quando me devolvem isso? [kwandoo muh duh-volveng ee-soo]

  when do we get back? a que horas voltamos? [uh kee or-ush voltah-moosh]

  where do I get off? onde é que saio? [ondy eh kuh sa-yoo]

gin um gin

gin and tonic um gin-tónico [jin-tonnikoo]
girl uma rapariga [ruppareeguh]
  my girlfriend a minha namorada [uh
meen-yuh namoorah-duh]
give dar
  will you give me . . .? dá-me . . .? [dah-muh]
  I gave it to him dei-lho [day-l-yoo]
glad satisfeito [sateesh-fay-too]
gland a glândula [glandooluh]
  glandular fever febre glandular [februh
glandoolar]
glass vidro [veedroo]
  (drinking) um copo [koppoo]
  a glass of water um copo de água [oom koppoo
dah-gwuh]
glasses óculos [ockooloosh]
gloves luvas [loovush]
glue cola [kolluh]
go: can I have a go? posso tentar também?
[possoo tentar tambeng]
  where are you going? aonde vai?
[uh-onduh vye]
  my car won't go o meu carro não anda [oo
meh-oo karroo nowng anduh]
  when does the bus go? a que horas parte o
autocarro? [uh kee orush part oo ow-tookarroo]
  go on! vai, continua! [vye kontinoo-uh]
  the bus has gone o autocarro já partiu [oo
ow-tookarroo jah pert-yoo]
  he's gone foi-se embora [foy-suh embor-uh]
goal um golo [go-loo]
goat uma cabra [kah-bruh]
  goat's cheese queijo de cabra [kay-joo . . .]
god deus [deh-oosh]
gold ouro [oh-roo]
golf o golf
good bom/boa [bong/bo-uh]
  good! bom!
goodbye adeus [a-deh-oosh]
gooseberry uva-espim [oovuh shpeeng]

....

got: have you got . . .? tem . . .? [taing . . .]
GNR = *National Guard (provincial police)*
gramme uma grama [grah-muh]
» *TRAVEL TIP: 100 grammes = approx 3½ oz*
grand: grandfather o avô [avoh]
  grandmother a avó [avo]
  grandson o neto [nettoo]
  grand-daughter a neta [nettuh]
grapefruit toranja [tooranjuh]
  grapefruit juice sumo de toranja [soomoo . . .]
grapes uvas [oovush]
grass a relva [relvuh]
grateful grato [grah-too]
  I'm very grateful to you estou-lhe muito
  agradecido [shtohl-yuh mweentoo
  agrud-seedoo]
gratitude a gratidão [grateedowng]
  as a sign of our gratitude como sinal da nossa
  estima [ko-moo seenal duh nossuh shteemuh]
gravy molho [mole-yoo]
grease gordura [goordooruh]
greasy gorduroso [goordooroh-zoo]
great grande [grand]
  great! porreiro! [poorray-roo]
greedy avaro [avah-roo]
  (for food) guloso [gooloh-zoo]
green verde [vaird]
  greengrocer's o lugar [loogar]
  green card carta verde [kartuh vaird]
grey cinzento [seenzentoo]
gristle cartilagem [karteelah-jeng]
grocer's a mercearia [mersee-aree-uh]
ground o chão [showng]
  on the ground no chão [noo . . .]
  on the ground floor no rés do chão [noo resh
  doo showng]
group grupo [groopoo]
  our group leader o chefe do nosso grupo [oo
  shef doo nossoo groopoo]
  I'm with the English group estou com o

grupo inglês [shtoh kong oo groopoo eenglesh]
guarantee uma garantia [garahn-tee-uh]
  is there a guarantee? tem garantia?
  [taing . . .]
guest um convidado [konveedah-doo]
  guesthouse hospedaria [oshpud-aree-uh]
guide um guia [ghee-uh]
guilty culpado [koolpah-doo]
guitar uma viola [vee-olluh]
gum *(mouth)* a gengiva [jenjeevuh]
gun uma pistola [peeshtolluh]
gynaecologist um ginecologista
  [jeenuh-kooloojeeshtuh]
hair o cabelo [kabeh-loo]
  hairbrush uma escova de cabelo [shkovvuh
  duh . . .]
  where can I get a haircut? onde posso cortar
  o cabelo? [onduh possoo koortar . . .]
  is there a hairdresser's here? há, aqui,
  algum cabeleireiro? [ah akee algoom
  kubbalay-ray-roo]
half a metade [meetahd]
  a half portion meia dose [meyyuh doze]
  half an hour meia hora [meyyuh or-uh]
ham presunto [prezoontoo]
  hamburger um hamburger [amboorguh]
hammer um martelo [martelloo]
hand a mão [mowng]
  handbag uma mala de senhora [mah-luh duh
  sun-yoruh]
  handbrake o travão de mão [travowng duh
  mowng]
handkerchief um lenço [lensoo]
handle *(door)* o fecho [feh-shoo]
  (cup) a asa [ah-zuh]
hand luggage bagagem de mão [bagah-jeng duh
  mowng]
handmade feito à mão [fay-too ah mowng]
handsome bonito [booneetoo]
hanger um cabide [kabeed]

hangover uma ressaca [ress*ah*-kuh]
  my head is killing me a minha cabeça parece
  que estoira [uh m*ee*n-yuh kab*eh*-suh par*e*ss kuh
  sht*oy*-ruh]
happen acontecer [akontuss*air*]
  I don't know how it happened não sei como
  aconteceu [nowng say k*o*-moo akontuss*eh*-oo]
  what's happening/happened? o que está a
  acontecer/aconteceu? [oo kuh shtah uh . . .]
happy contente [kont*e*nt]
harbour o porto [p*o*rtoo]
hard duro [d*oo*roo]
  (difficult) difícil [deef*ee*seel]
  hard-boiled egg um ovo duro [oh-voo d*oo*roo]
  push hard empurre com força [emp*oo*rr kong
  f*o*rsuh]
harm *(noun)* mal
hat um chapéu [shap*eh*-oo]
hate: I hate . . . detesto . . . [duh-t*e*shtoo]
have ter [tair]
  I have no time não tenho tempo [nowng
  t*e*n-yoo t*e*mpoo]
  do you have any cigars/a map? tem
  charutos/um mapa? [teng shar*oo*toosh/oom
  m*a*h-puh]
  can I have some water/some more? pode
  trazer-me um copo de água/mais? [pod
  traz*air*-muh oom k*o*ppoo d*a*hg-wuh/my-sh]
  I have to leave tomorrow amanhã tenho de
  partir [aman-y*a*ng t*e*n-yoo duh pert*ee*r]
hay fever febre dos fenos [f*e*bruh doosh
  f*eh*-noosh]
he ele [ehl]
  does he live here? mora aqui? [m*o*r-uh ak*ee*]
  he is my friend é o meu amigo [eh oo m*eh*-oo
  am*ee*goo]
  he is ill está doente [shtah doo-*e*nt]
head a cabeça [kab*eh*-suh]
  headache uma dor de cabeça
  headlight o farol

head waiter o chefe de mesa [shef duh meh-zuh]

head wind vento de proa [ventoo duh proh-uh]

health a saúde [sa-*ood*]

  your health! à sua saúde! [ah *soo*-uh sa-*ood*]

healthy saudável [sowd*a*h-vel]

hear: I can't hear não ouço [nowng *oh*-soo]

  hearing aid um aparelho para a surdez [oom apar*e*l-yoo prah soord*esh*]

heart o coração [kooruh-s*ow*ng]

  heart attack um enfarte [aim-f*a*rt]

heat o calor

  heat stroke uma insolação [oomuh eensooluh-s*ow*ng]

heating o aquecimento [akussy-m*e*ntoo]

heavy pesado [puzz*a*h-doo]

heel *(body)* o calcanhar [kalkan-y*a*r]

  (shoe) o salto [s*a*ltoo]

  could you put new heels on these? pode pôr-me uns saltos novos? [pod p*o*r-muh oonsh s*a*ltoosh n*o*vvoosh]

height a altura [alt*oo*ruh]

hello olá [o-l*ah*]

help ajuda [aj*oo*duh]

  can you help me? pode ajudar-me? [pod ajood*a*r-muh]

  help! socorro! [sook*o*rroo]

her: I know her conheço-a [koon-y*e*ssoo-uh]

  will you give it to her? quer dar-lho [kair d*a*rl-yoo]

  it's her é ela [eh *e*lluh]

  it's her bag, it's hers é o saco dela, é dela [eh oo s*a*koo d*e*lluh]

here aqui [ak*ee*]

  come here venha cá [v*e*n-yuh ka]

high alto [*a*ltoo]

hill a colina [kool*ee*nuh]

  up/down the hill para cima/baixo [para s*ee*muh/b*y*-shoo]

him: I know him conheço-o [koon-y*e*ssoo-oo]

....

will you give it to him? quer dar-lho? [kair darl-yoo]

it's him é ele [eh ehl]

hire *see* **rent**

his: it's his drink, it's his é a bebida dele, é dele [eh uh bebeeduh dehl, eh dehl]

hit: he hit me bateu-me [bateh-oo-muh]

hitch-hike andar à boleia [. . . ah boolayuh]

hold *(verb)* segurar [suggoorar]

hole um buraco [boorah-koo]

holiday férias [fairy-ush]

I'm on holiday estou em férias [shtoh . . .]

home casa [kah-zuh]

I want to go home quero ir para casa [kairoo eer . . .]

at home em casa [eng . . .]

I'm homesick estou com saudades de casa [shtoh kong sowdahdj duh . . .]

Homens **Gents**

honest honesto [onneshtoo]

honestly? de verdade? [duh verdahd]

honey o mel

honeymoon a lua-de-mel [loo-uh-duh-mel]

hope *(noun)* esperança [shperansuh]

I hope that . . . espero que [shpairoo kuh]

I hope so/not espero que sim/não [. . . seeng/nowng]

horizon o horizonte [o-reezont]

horn *(car)* a buzina [boozeenuh]

horrible horrível [orreevel]

hors d'oeuvre a entrada [entrah-duh]

horse um cavalo [kavah-loo]

hospital um hospital [o-speetal]

» *TRAVEL TIP: EEC reciprocal health agreement; get form E111 from Post Office before you go—it gives full details of medical services available*

host o anfitrião [amfeetree-owng]

hostess a anfitriã [amfeetree-ang]

(air) a hospedeira [o-shpeday-ruh]

hot quente [kent]; *(spiced)* picante [peekant]

hotel um hotel [o-*tel*]
hotplate chapa eléctrica [sh*ah*-puh eel*e*trikuh]
hot water bottle um saco de água quente [s*ah*-koo d*ah*-gwuh kent]
hour a hora [*or*-uh]
house a casa [k*ah*-zuh]
  housewife a dona de casa [uh d*o*nnuh . . .]
how como [k*o*-moo]
  how many quantos [kw*a*ntoosh]
  how much quanto
  how often quantas vezes [kw*a*ntush v*e*h-zush]
  how long does it take? quanto tempo leva isso? [kw*a*ntoo t*e*mpoo l*e*vvuh ee-soo]
  how long have you been here? há quanto tempo está aqui? [ah kw*a*ntoo t*e*mpoo shtah ak*ee*]
  how are you? como está? [k*o*-moo shtah]
hull o casco [k*a*shkoo]
humid húmido [*oo*midoo]
humour humor [oom*o*r]
  haven't you got a sense of humour? não tem sentido do humor? [nowng teng sent*ee*doo doo oom*o*r]
hundred cem [seng]
  hundredweight quintal inglês [keent*a*l eengl*e*sh]
» *TRAVEL TIP: 1 cwt = 50.8 kilos*
hungry: I'm hungry/not hungry tenho/não tenho fome [t*e*n-yoo/nowng t*e*n-yoo fom]
hurry: I'm in a hurry estou com pressa [shtoh kom pr*e*ssuh]
  please hurry! despache-se, por favor! [dushp*a*sh-suh, poor fuh-v*o*r]
hurt: it hurts dói-me [d*o*y-muh]
  my leg hurts dói-me a perna [. . . uh p*air*nuh]
  YOU MAY THEN HEAR . . .
  é uma dor aguda? [eh *oo*muh dor ag*oo*duh]*is it a sharp pain?*
husband: my husband o meu marido [oo m*e*h-oo mar*ee*doo]

I eu [eh-oo]
   I am a doctor sou médico [soh meddikoo]
   I am tired estou cansado [shtoh . . .]
   I live in London vivo em Londres [veevoo eng londrush]
ice gelo [jeh-loo]
   ice-cream um gelado [jelah-doo]
   iced coffee um café gelado [kuffeh . . .]
   with lots of ice com muito gelo [kong mweentoo . . .]
identity papers o bilhete de identidade [beel-yet deedenty-dad]
idiot idiota [eed-yottuh]
if se [suh]
ignition a ignição [eegnee-sowng]
ill doente [doo-ent]
   I feel ill sinto-me doente [seentoo-muh . . .]
illegal ilegal [eeluh-gal]
illegible ilegível [eeluh-jeevel]
illness a doença [doo-ensuh]
immediately imediatamente [eemuddy-ahtuh-ment]
import (verb) importar [eempoortar]
important importante [eempoortant]
   it's very important é muito importante [eh mweentoo . . .]
import duty direitos de importação [deeray-toosh deempoortuh-sowng]
impossible impossível [eempoo-seevel]
impressive impressionante [eempress-yoonant]
improve melhorar [mulyoorar]
   I want to improve my . . . quero melhorar o meu . . . [kairoo mul-yoorar oo meh-oo]
in em [eng]
inch uma polegada [pole-gah-duh]
  » *TRAVEL TIP: 1 inch = 2.54 cm*
include incluir [eenklweer]
   does that include breakfast? o pequeno almoço está incluído? [oo pickeh-noo almoh-soo shtah eenklweedoo]

inclusive inclusíve [eenkloozeev]
incompetent incompetente [eenkompuh-tent]
inconsiderate mal-educado [maleedookah-doo]
incredible incrível [eenkreevel]
indecent indecente [eenduh-sent]
independent independente [eenduh-pendent]
India Índia [eendee-uh]
Indian Indiano [eendee-ah-noo]
indicator indicador [eendeekador]
indigestion indigestão [eendeejesh-towng]
indoors dentro de casa [dentroo duh kah-zuh]
industry a indústria [eendooshtree-uh]
inexpensive barato [barah-too]
infant uma criança [oomuh kree-ansuh]
infection uma infecção [eemfessowng]
infectious infeccioso [eemfess-yoh-zoo]
inflation a inflação [eemflassowng]
informações Information
informal informal [eemfoormal]
  (person) natural [natooral]
information informação [eemfoorma-sowng]
  **do you have any information in English
  about...?** tem algum folheto em inglês
  sobre...? [teng algoom fool-yettoo eng
  eenglesh so-bruh]
  is there an information office? há algum
  centro de turismo? [ah algoom sentroo duh
  tooreejmoo]
inhabitant habitante [abeetant]
injection uma injecção [eenjessowng]
injured ferido [fereedoo]
  he's been injured foi ferido [foy ...]
injury ferimento [furry-mentoo]
innocent inocente [eenoosent]
insect um insecto [eensettoo]
inside dentro de [dentroo duh]
insist: I insist (on it) insisto [eenseeshtoo]
insomnia a insónia [eenson-yuh]
instant coffee café instantâneo [kuffeh
  eenshtantahn-yoo]

instead no seu lugar [noo seh-oo loogar]
  instead of . . . em vez de . . . [eng vesh duh]
insulating tape fita isoladora [feetuh
  eezooluh-doruh]
insulation o isolamento [eezoolamentoo]
insult um insulto [eensooltoo]
insurance o seguro [suggooroo]
intelligent inteligente [eentully-jent]
interesting interessante [eenteressant]
international internacional
  [eenternuss-yoonal]
interpret interpretar
  would you interpret for us? quer ser o nosso
  intérprete? [kair sair oo nossoo eentair-pret]
into para [paruh]
introduce: can I introduce . . .? posso
  apresentar . . .? [possoo apruh-zentar]
invalid (*noun*) um inválido [eenvalidoo]
  invalid chair uma cadeira de rodas [oomuh
  kaday-ruh duh roddush]
invitation um convite [konveet]
  thank you for the invitation obrigado pelo
  convite [o-breegah-doo peloo . . .]
invite: can I invite you out? quer ir sair
  comigo? [kair eer suh-eer koo-meegoo]
invoice a factura [fattooruh]
Ireland Irlanda [eerlanduh]
Irish irlandês [eerlandesh]
iron (*noun: clothes*) um ferro [ferroo]
  will you iron these for me? passa-me isto a
  ferro? [pah-suh-muh eeshtoo uh ferroo]
ironmonger's a loja de ferragens [lojjuh duh
  ferah-jengsh]
is é/está [eh/shtah]
island uma ilha [eel-yuh]
it: I see it vejo-o [veh-joo-oo]
  it's not working não funciona [nowng
  foonss-yonnuh]
  give me it dê-mo [deh-moo]
  is it . . .? é . . .?/está . . .? [eh/shtah]

itch comichão [koomee-sho*wng*]
   it itches faz comichão [fash . . .]
itemize: would you itemize it for me? pode
   discriminar-me isto? [pod
   deesh-kreemin*a*r-muh *ee*shtoo]
jack um macaco [mak*a*h-koo]
jacket um casaco [k*a*z*a*h-koo]
jam compota [komp*o*ttuh]
   traffic jam um engarrafamento
   [engarr*a*h-fam*e*ntoo]
January Janeiro [jan*a*yroo]
jaw a maxila [uh maks*ee*luh]
jealous ciumento [s-yoom*e*ntoo]
jeans 'jeans'
jellyfish uma alforreca [alfoor*e*ckuh]
jetty o cais [kye-sh]
jeweller's/jewellery a joalharia
   [joo-al-yer*ee*-uh]
jib a bujarrona [boojarr*o*nnuh]
job um emprego [empr*e*h-goo]
   just the job óptimo [*o*ttimoo]
joke *(noun)* uma piada [pee-*a*h-duh]
   you must be joking está a brincar [shtah
   breenk*a*r]
journey uma viagem [vee-*a*h-jeng]
   have a good journey boa viagem [b*o*-uh . . .]
July Julho [j*oo*l-yoo]
jumper uma camisola [kameez*o*lluh]
junction um cruzamento [kroozam*e*ntoo]
June Junho [j*oo*n-yoo]
junk velharias [vel-yuh-r*ee*-ush]
just: **just two** apenas dois [ap*e*h-nush doysh]
   just a little só um pouco [so oom p*o*h-koo]
   just there ali mesmo [al*ee* m*e*jmoo]
   not just now agora não [ag*o*ruh nowng]
   that's just right é isso mesmo [eh *ee*-soo
   m*e*jmoo]
   he was here just now há pouco esteve aqui
   [ah p*o*-koo shtev ak*ee*]
keen entusiástico [entoozee-*a*shtickoo]

I'm not keen não estou muito inclinado [nowng shtoh mweentoo eenkleenah-doo]

keep: can I keep it? posso ficar com isto? [possoo feekar kong eeshtoo]

you keep it fique com isso [feek kong ee-soo]

keep the change guarde o troco [gward oo tro-koo]

you didn't keep your promise não cumpriu a palavra [nowng koompree-oo uh palahv-ruh]

it keeps on breaking está sempre a partir-se [shtah semprah perteer-suh]

kettle uma chaleira [shalay-ruh]

key a chave [shahv]

kidney o rim [reeng]

kill matar

kilo um quilo [keeloo]

» TRAVEL TIP: conversion: $\dfrac{kilos}{5} \times 11 = pounds$

kilos	1	1½	5	6	7	8	9
pounds	2.2	3.3	11	13.2	15.4	17.6	19.8

kilometre um quilómetro [keelommetroo]

» TRAVEL TIP: conversion: $\dfrac{kilometres}{8} \times 5 = miles$

kilometres	1	5	10	20	50	100
miles	0.62	3.11	6.2	12.4	31	62

kind: that's very kind of you é muito amável da sua parte [eh mweentoo amah-vel duh soo-uh part]

kiss um beijo [bay-joo]

kitchen a cozinha [koozeen-yuh]

knee o joelho [joo-el-yoo]

knickers cuecas [kweckush]

knife uma faca [fah-kuh]

knock bater à porta [batair ah portuh]

there's a knocking noise from the engine o motor tem uma batida [oo mootor teng oomuh bateeduh]

know saber [sabair]

(be acquainted with) conhecer [koon-yussair]

I don't know the area não conheço esta

região [nowng koon-ye*ss*oo *e*shtuh rej-yowng]
I don't know não sei [nowng say]
label um rótulo [*rott*ooloo]
laces *(shoe)* atacadores [–rush]
lacquer laca [l*a*h-kuh]
ladies senhoras [sun-yorush]
lady a senhora [sun-yoruh]
lager uma Sagres [s*a*hg-rush]
   lager and lime Sagres com lima [. . . kong
   lee muh]
» *TRAVEL TIP: not generally available*
lamb *(meat)* cordeiro [kor-day-roo]
lamp uma lanterna [lant*ai*r-nuh]
   lampshade um quebra-luz [ke bruh loosh]
   lamp-post um candeeiro [kandy-*a*y-roo]
land *(noun)* terra [t*e*rruh]
lane *(car)* a via [v*ee*-uh]
language a língua [l*ee*ng-wuh]
large grande [grand]
laryngitis a laringite [larinj*ee*t]
last último [*oo*ltimoo]
   last year/week o ano passado/a semana
   passada [oo *a*h-noo pass*a*h-doo/uh sem*a*h-nuh
   pass*a*h-duh]
   last night ontem à noite [onteng ah noyt]
   at last! finalmente [feenalment]
late: sorry I'm late desculpe o atraso
   [dush*coo*lp oo atr*a*h-zoo]
   it's a bit late já é um bocado tarde [jah eh oom
   book*a*h-doo tard]
   please hurry, I'm late despache-se, por favor,
   já estou atrasado [dush*pa*sh-suh poor fuh-vor,
   jah shtoh atra-z*a*h-doo]
   at the latest o mais tardar [oo my-sh tard*a*r]
   later mais tarde
   I'll come back later volto mais tarde
   see you later até logo [ateh loggoo]
laugh *(verb)* rir-se [reer-suh]
launderette uma lavandaria automática
   [lavanduh-r*ee*-uh ow-too-m*a*ttikuh]

....

lavabos *toilets*
lavatory o lavabo [lav*a*h-boo]
law a lei [lay]
lawyer um advogado [oom advoog*a*h-doo]
laxative um laxativo [lashat*ee*voo]
lazy preguiçoso [pruggy-s*o*zoo]
leaf uma folha [f*o*al-yuh]
leak uma fuga de água [f*oo*guh d*a*h-gwuh]
  there's a leak in my ceiling cai água do tect*
  [kye *a*hg-wuh doo t*e*ttoo]
  it leaks há uma fuga [ah *oo*muh f*oo*guh]
learn: I want to learn . . . quero aprender . .
  [k*ai*roo aprend*ai*r]
lease *(verb)* arrendar [arrend*a*r]
least: not in the least de modo algum [duh
  mo-doo al-g*oo*m]
  at least pelo menos [peloo m*e*h-noosh]
leather couro [k*o*h-roo]
  this meat's like leather esta carne é dura
  como pedra [*e*shtuh karn eh d*oo*ruh k*o*-moo
  p*e*druh]
leave: we're leaving tomorrow vamos parti*
  amanhã [v*a*moosh per-t*ee*r a-man-y*a*ng]
  when does the bus leave? a que horas parte *
  autocarro? [uh kee *o*r-ush part oo
  ow-too-k*a*rroo]
  I left two shirts in my room deixei duas
  camisas no meu quarto [day-sh*a*y d*oo*-ush
  kam*ee*zush noo m*e*h-oo kw*a*rtoo]
  can I leave this here? posso deixar isto aqui*
  [p*o*ssoo day-sh*a*r *ee*shtoo ak*ee*]
left esquerdo [shk*ai*r-doo]
  on the left à esquerda [ah shk*ai*r-duh]
  left-handed canhoto [kan-y*o*t-oo]
left luggage (office) o depósito de bagagem
  [dep*o*zitoo duh bag*a*h-jeng]
leg a perna [p*ai*r-nuh]
legal legal [legg*a*l]
lemon um limão [leem*o*wng]
lemonade uma limonada [leemoon*a*h-duh]

lend: will you lend me your . . .? quer
emprestar-me o seu . . .? [kair empreshtar-muh
oo seh-oo]
lengthen alongar
lens *(photography)* a objectiva
[objeteevuh]
Lent a quaresma [uh kwerej-muh]
less menos [meh-noosh]
  less than three menos de três [. . . tresh]
  less than that menos do que isso [. . . doo kee
  ee-soo]
let: let me help deixe-me ajudar [daysh-muh
ajoodar]
  let me go! deixe-me ir! [daysh-muh eer]
  will you let me off here? deixe-me sair aqui
  [. . . suh-eer akee]
  let's go! vamos! [vamoosh]
letter uma carta [kartuh]
  are there any letters for me? há correio para
  mim? [ah koorayoo para meeng]
  letterbox um marco de correio [oom markoo
  duh koo-rayoo]
lettuce alface [al-fass]
level crossing passagem de nível [passah-jeng
  duh nee-vel]
liable responsável [rushponsah-vel]
library a biblioteca [beebleeoo-teckuh]
licence uma licença [leesensuh]
lid a tampa [tampuh]
lie *(noun)* mentira [menteeruh]
  can he lie down for a bit? pode deitar-se um
  momento? [pod daytar-suh oom moomentoo]
life a vida [veeduh]
  life assurance seguro de vida [segooroo duh
  veeduh]
  lifebelt o cinto de salvação [seentoo duh
  salva-sowng]
  life-jacket o colete de salvação [koolet duh . . .]
  lifeboat o barco salva-vidas [barkoo
  salva-veedush]

....

lifeguard o salva-vidas [salva-*vee*dush]
lift: do you want a lift? quer uma boleia? [kair
oomuh bool*ay*-uh]
   could you give me a lift? pode dar-me uma
boleia? [pod d*a*r-muh . . .]
   the lift isn't working o ascensor não anda [oo
ash-sens*o*r nowng *a*nduh]
light: the lights aren't working *(car)* as luzes
não funcionam [ush l*oo*zush nowng
foons-*yo*n-owng]
   have you got a light? tem lume, por favor?
[teng loom poor fuh-v*o*r]
   when it gets light quando amanhecer
[kw*a*ndoo aman-y*e*ss*a*ir]
   light bulb uma lâmpada [oomuh l*a*mpa-duh]
   light meter um fotómetro [foot*o*mmuh-troo]
   (not heavy) ligeiro [leej*ay*-roo]
like: would you like . . .? gostaria de . . .?
[gooshtar*ee*-uh duh]
   I'd like a . . ./I'd like to . . . queria [kr*ee*-uh]
   I like it/you gosto disso /de ti [g*o*shtoo
d*ee*-soo/duh tee]
   I don't like it não gosto disso [nowng g*o*shtoo
d*ee*-soo]
   what's it like? como é? [k*o*-moo eh]
   one like this um como este
[oom k*o*-moo ehsht]
   do it like this faça-o assim [f*a*ssuh-oo ass*ee*ng]
lime lima [*lee*muh]
line uma linha [*lee*n-yuh]
lip o lábio [l*a*hb-yoo]
   lipstick o baton [b*a*h-tong]
   lip salve manteiga de cacau [mant*ay*-guh duh
kak*ow*]
liqueur licor [leek*o*r]
» *TRAVEL TIP:* '*ginginha*' = *a cherry liqueur;*
'*amêndoa amarga*' = *almond flavour;* '*licor
beirão*' & '*tríplice*' = *local blends*
Lisbon Lisboa [leej-boh-uh]
list *(noun)* uma lista [*lee*shtuh]

listen escutar [shkoot*a*r]
litre um litro [*l*eetroo]
» *TRAVEL TIP: 1 litre = 1¾ pints = 0.22 gals*
little pequeno [pick*e*h-noo]
   a little ice um pouco de gelo [oom po-koo duh
   j*e*h-loo]
   a little more um bocado mais [oom book*a*h-doo
   my-sh]
   just a little só um bocadinho [so oom
   bookad*ee*n-yoo]
live viver [veev*a*ir]
   I live in . . . moro em . . . [m*o*roo eng]
   where do you live? onde mora? [*o*nduh
   m*o*r-uh]
liver fígado [*f*eeguh-doo]
livre vacant
lizard um lagarto [lag*a*rtoo]
loaf um pão [powng]
lobster lagosta [lag*o*shtuh]
local: could we try a local wine? podemos
   provar um vinho da região? [pood*e*h-moosh
   proov*a*r oom v*ee*n-yoo duh rej-y*o*wng]
   a local restaurant um restaurante local [oom
   reshtowr*a*nt look*a*l]
   is it made locally? é feito na região [eh f*a*y-too
   nuh rej-y*o*wng]
lock: the lock's broken a fechadura está
   partida [uh feshad*oo*ruh shtah purt*ee*duh]
   I've locked myself out fechei o quarto com a
   chave lá dentro [fush*a*y oo kw*a*rtoo kong uh
   shahv lah d*e*ntroo]
London Londres [l*o*ndrush]
lonely solitário [sooleet*a*r-yoo]
long comprido [kompr*ee*doo]
   we'd like to stay longer queremos fi*c*ar mais
   tempo
   [kr*e*h-moosh feek*a*r my-sh t*e*mpoo]
   that was long ago isso aconteceu há muito
   tempo [*ee*-soo akont-s*e*h-oo ah mw*ee*ntoo
   t*e*mpoo]

....

loo: where's the loo? onde é a casa de banho?
[ondy eh uh kah-zuh duh bahn-yoo]
look: you look tired tens um ar cansado [tainz
oom ar kansah-doo]
   I'm looking forward to . . . estou desejoso
   de . . . [shtoh duzza-joh-zoo duh]
   look at that olhe para isso [ol-yuh paree-soo]
   I'm just looking estou a ver [shtoh uh vair]
   I'm looking for . . . procuro . . . [prookooroo]
   look out! tem cuidado! [teng kweedah-doo]
loose solto [sole-too]
lorry um camião [kamee-owng]
   lorry driver um camionista
   [kamee-ooneeshtuh]
lose perder [perdair]
   I've lost my . . . perdi o meu . . . [perdee oo
   meh-oo]
   excuse me, I'm lost desculpe, estou perdido
   [dushkoolp, shtoh perdeedoo]
lost property (office) depósito de objectos
achados [depozitoo dobjettooz ashah-doosh]
lot: a lot/not a lot muito/não muito
[mweentoo/nowng . . .]
   a lot of chips/wine muitas batatas
   fritas/muito vinho [mweentush batah-tush
   freetush/mweentoo veen-yoo]
   a lot more expensive muito mais caro
   [mweentoo my-sh kah-roo]
   lots muito
lotação esgotada all tickets sold
lotion uma loção [loo-sowng]
loud ruidoso [rweedoh-zoo]
   louder mais forte [my-sh fort]
love: I love you gosto de ti [goshtoo duh tee]
   do you love me? gostas de mim? [goshtush
   duh meeng]
   he's in love está apaixonado [shtah
   apye-shoonah-doo]
   I love this wine gosto imenso deste vinho
   [goshto eemensoo deh-sht veen-yoo]

lovely encantador
  we had a lovely time foi muito agradável [foy mweentoo agradah-vel]
low baixo [by-shoo]
luck a sorte [sort]
  good luck! boa sorte [bo-uh sort]
lucky afortunado [afortoonah-doo]
  you're lucky está com sorte [shtah kong . . .]
  that's lucky que sorte! [kuh sort]
luggage a bagagem [bagah-jeng]
lumbago lumbago [loombah-goo]
lump um inchaço [oom een-shah-soo]
lunch o almoço [al-mo-soo]
lungs os pulmões [oosh poolmoingsh]
luxurious sumptuoso [soomp-too-ozoo]
luxury o luxo [looshoo]
  a luxury hotel um hotel de luxo [oom o-tel duh looshoo]
luzes headlights (on)
Lx.a = Lisboa Lisbon
mad doido [doy-doo]
madam minha senhora [meen-yuh sun-yoruh]
Madeira Madeira [maday-ruh]
made-to-measure feito por medida [fay-too poor medeeduh]
magazine uma revista [reveeshtuh]
magnificent esplêndido [shplendidoo]
maiden name nome de solteira [nom duh soltay-ruh]
mail correio [koorayoo]
  is there any mail for me? há correio para mim? [ah koorayoo para meeng]
mainland continente [konteenent]
main road a rua principal [roo-uh preen-sipal]
  (country) a estrada principal [shtrah-duh . . .]
make *(verb)* fazer [fazair]; *(type)* a marca
  will we make it in time? vamos chegar a tempo? [vah-moosh shegar uh tempoo]
  make-up a maquillage [uh makee-yaj]
man um homem [ommeng]

manager o gerente [jerent]
can I see the manager? pode chamar o
gerente, por favor? [pod shamar oo jerent, poor
fuh-vor]
manicure a manicura [manikooruh]
manners boa educação
[bo-uh eedooka-sowng]
haven't you got any manners? você não tem
maneiras! [vosseh nowng teng manay-rush]
many muitos/as [mweentoosh/tush]
map um mapa [mah-puh]
a map of . . . um mapa de . . . [. . . duh]
March Março [marsoo]
margarine a margarina [margareenuh]
marina uma marina [mareenuh]
mark: there's a mark on it tem uma mancha
[teng oomuh manshuh]
market mercado [merkah-doo]
marketplace a praça [prah-suh]
marmalade doce de laranja [dose duh laranjuh]
married casado [kazah-doo]
marry: will you marry me? queres casar
comigo? [kairush kazar koomeegoo]
marvellous maravilhoso [maraveel-yo-zoo]
mascara rímel [reemel]
mashed potatoes puré de batatas [pooreh duh
batah-tush]
massage massagem [massah-jeng]
mast o mastro [mashtroo]
mat um capacho [kapah-shoo]
match: a box of matches uma caixa de fósforos
[kye-shuh duh fosh-fooroosh]
football match um desafio de futebol
[duzza-fee-oo duh foot-boll]
material material [maturry-al]
(cloth) tecido [tesseedoo]
matter: it doesn't matter não faz mal [nowng
fash mal]
what's the matter? o que há? [oo kee ah]
mattress um colchão [kol-showng]

....

mature *(wine)* velho [vel-yoo]
maximum máximo [ma ssimoo]
May Maio [my-oo]
may: may I have . . .? pode dar-me . . .? [pod
dar-muh]
maybe talvez [tal-vesh]
mayonnaise maionese [ma-yoo-nez]
me me [muh]
  for me para mim [para meeng]
  with me comigo [koomeegoo]
  it's me sou eu [so eh-oo]
meal uma refeição [refay-sowng]
mean: what does this mean? o que significa
isto? [oo kuh seegnifeekuh eeshtoo]
measles sarampo [sarampoo]
  German measles rubéola [roobeh-ooluh]
meat carne [karn]
mechanic: is there a mechanic here? há
algum mecânico aqui? [ah algoom mekah-nikoo
akee]
medicine a medicina [mud-see-nuh]
meet: when shall we meet? quando nos
reunimos? [kwandoo noosh ree-oonee-moosh]
  I met him in the street encontrei-o na rua
[enkontray-oo nuh roo-uh]
  pleased to meet you muito prazer em
conhecê-lo/la [mweentoo prazair eng
koon-yuh-seh-loo/luh]
meeting uma reunião [ree-oon-yowng]
melon um melão [melowng]
member um membro [membroo]
  how do I become a member? como é que me
torno sócio? [. . . tornoo soss-yoo]
mend: can you mend this? pode consertar
isto? [pod konsertar eeshtoo]
mention: don't mention it não tem de quê
[nowng teng duh keh]
menu a ementa [eementuh]; **can I have the
menu, please?** pode dar-me a ementa, por
favor?

Menu Ementa

ENTRADAS: Starters
cocktail de gambas *prawn cocktail*
salada de atum *tuna salad*
melão *melon*
sumo de laranja/tomate *orange/tomato juice*
chouriço *smoked pork sausage*
ovos à Minhota *baked eggs, tomato, onions*
omeleta de marisco/presunto/cogumelos
　shellfish/cured ham/mushroom omelette

SOPA: Soup
açorda de alho *bread soup, garlic, herbs*
canja *chicken broth + rice*
caldo verde *potato broth, shredded cabbage*
gaspacho *refreshing cold soup: tomatoes, green
　peppers and cucumber*

PEIXE: Fish dishes
amêijoas *clams*
gambas *scampi*
santola *crab*
sardinhas assadas *charcoal-grilled sardines*
salmão grelhado *grilled salmon*
bacalhau à Gomes de Sá *cod baked with parsley,
　potatoes, onion, olives, etc*
chocos *cuttlefish*
lulas/calamares *squid*
lampreia *lamprey*
caldeirada *mixed fish in onions, potato*

CARNE: Meat dishes
carne de vaca (assada) *(roast) beef*
borrego *lamb*
porco *pork*
frango *chicken*
vitela *veal*
um bife de . . . a . . . *steak*
costeleta *cutlet/chop*
leitão *suckling pig*
cordorniz *quail*

faisão *pheasant*
peru *turkey*
cozido à portuguesa *boilel beef, gammon, smoked
  sausage, rice and veg*
arroz de frango *fried chicken in wine, ham and
  rice casserole*
frango na púcara *chicken stewed in Port and
  brandy, fried with almonds*
almôndegas *meatballs*
espetada mista *shish-kebab*
feijoada *pigs feet, sausage, white beans and
  cabbage*

SOBREMESA: Dessert
Fruit: ananás *pineapple*
  melancia *watermelon*
  cerejas *cherries*
  ameixas *plums*
  morangos *strawberries*
Sweets: salada de frutas *fruit cocktail*
  pudim flã *creme caramel*
  pudim molotov *eggwhite mousse,
    caramel*
  arroz doce *rice pudding*
  farófias *eggwhite beaten with milk,
    egg custard and cinnamon*
  gelado *ice cream*
Cheese: queijo de Elvas *mild white*
  queijo de azeitão *matured in oil*
  queijo fresco *very bland goat's milk
    cheese*
COFFEE: *most Portuguese have a small strong
  black coffee after a meal called 'uma bica'
  [beekuh]; if you prefer it weaker, ask for a
  'carioca'; the equivalent to our white coffee is a
  'galão' [galowng]*
Brandy, etc: *if you like an after-meal drink, try a
  Carvalho Ribeiro e Ferreira brandy or
  Aguardente de Medronho*

message: are there any messages for me? há
algum recado para mim? [ah algoom rekah-doo
para meeng]
  can I leave a message for . . .? posso deixar
  um recado para . . .? [possoo day-shar oom
  rekah-doo para]
metre um metro [metroo]
» *TRAVEL TIP: 1 metre = 39.37 ins = 1.09 yds*
metro underground
» *TRAVEL TIP: flat rate fare; cheaper to buy a book of
  tickets, 'caderneta', or a 7 day 'passe'*
midday meio-dia [mayoo-dee-uh]
middle o centro [sentroo]
  in the middle no centro [noo sentroo]
  in the middle of the road no meio da rua [noo
  mayoo duh roo-uh]
midnight meia-noite [mayuh noyt]
might: I might be late sou capaz de chegar
  tarde [soh kapash duh shuggar tard]
  he might have gone ele já pode ter-se ido
  embora [ehl jah pod tair-suh eedoo emboruh]
migraine a enxaqueca [enshackeckuh]
mild suave [swahv]
mile uma milha [meel-yuh]
» *TRAVEL TIP: conversion:* $\frac{miles}{5} \times 8 = kilometres$

miles	$\frac{1}{2}$	1	3	5	10	50	100
kilometres	0.8	1.6	4.8	8	16	80	160

milk o leite [layt]
  a glass of milk um copo de leite [oom koppoo
  duh layt]
  milkshake um batido [oom bateedoo]
millimetre um milímetro [meeleemitroo]
milometer a conta-quilómetros
  [kontuh-keelometroosh]
minced meat carne picada [karn peekah-duh]
mind: I've change my mind mudei de opinião
  [mooday doh-peen-yowng]
  I don't mind não me importo [nowng muh
  eemportoo]

do you mind if I . . .? importa-se que . . .?
[eemportuh-suh kuh]
never mind não faz mal [nowng fash mal]
mine meu/minha [meh-oo/meen-yuh]
it's mine é meu/minha [eh . . .]
mineral water água mineral [ahg-wuh
meen-ral]
minimum mínimo [meeny-moo]
minus menos [meh-noosh]
minus 3 degrees três graus abaixo de zero
[tresh growz abye-shoo duh zairoo]
minute um minuto [meenootoo]
in a minute dentro dum momento [dentroo
doom moomentoo]
just a minute só um minuto
mirror um espelho [shpel-yoo]
Miss a Menina [uh meneenuh]
miss: I miss you tenho saudades tuas [ten-yoo
sow-dahdush too-ush]
he's missing está perdido [shtah perdeedoo]
there is a . . . missing falta um/uma . . .
[faltuh oom/oomuh . . .]
mist a névoa [uh nev-wuh]
mistake um erro [erroo]
I think you've made a mistake acho que se
enganou [ashoo kuh see enganoh]
misunderstanding um mal-entendido
[mal-entendeedoo]
modern moderno [moodairnoo]
Monday segunda-feira [segoonduh fay-ruh]
money dinheiro [din-yay-roo]
I've lost my money perdi o meu dinheiro
[perdee oo meh-oo . . .]
I've no money não tenho dinheiro [nowng
ten-yoo . . .]
» TRAVEL TIP: the Portuguese dollar sign is placed
after the 'escudos', so that 10$50 means 10
escudos and 50 centavos
month o mês [mesh]
moon a lua [loo-uh]

....

moorings o ancoradouro [ankooruh-d*o*h-roo]
moped um ciclomotor [seekloo-moot*o*r]
more mais [my-sh]
    can I have some more? posso repetir? [p*o*ssoo
    repuh-t*ee*r]
    more wine, please um pouco mais de vinho,
    por favor [oom p*o*-koo my-sh duh v*ee*n-yoo . . .]
    no more mais nada [my-sh n*a*h-duh]
    more comfortable mais confortável [my-sh
    komfoort*a*h-vel]
    more than three mais de três [my-sh duh
    tresh]
    more than that mais do que isso [my-sh doo
    kee *ee*-soo]
morning a manhã [man-y*a*ng]
    good morning bom dia [bong d*ee*-uh]
    this morning esta manhã [eshtuh . . .]
    in the morning de manhã [duh man-y*a*ng]
most: I like it/you the most é do que/és de
    quem: gosto mais [eh doo kuh/esh duh keng
    g*o*shtoomy-sh]
    most of the time/the people a maior parte do
    tempo/das pessoas [uh muh-y*o*r part doo
    t*e*mpoo/dush puss*o*h-ush]
motel um motel
mother: my mother minha mãe [m*ee*n-yuh
    my-ng]
motor o motor [moot*o*r]
motorbike uma mota [m*o*ttuh]
motorboat um barco a motor [b*a*rkoo uh moot*o*r]
motorcyclist um motociclista
    [mottoo-seekl*ee*eshtuh]
motorist o motorista [mootoor*ee*eshtuh]
motorway a auto-estrada [owtoo-shtr*a*h-duh]
mountain uma montanha [mont*a*hn-yuh]
mouse um rato [r*a*h-too]
moustache o bigode [beeg*o*d]
mouth a boca [b*o*h-kuh]
move: don't move não se mexa [nowng suh
    m*e*shuh]

could you move your car? não se importa de
chegar o carro para o lado? [nowng seemportuh
duh shugg*a*r oo k*a*rroo proh l*a*h-doo]
Mr o Senhor [oo sun-yor]
Mrs a Senhora [uh sun-yoruh]
Ms *no equivalent in Portuguese*
much muito [mweentoo]
  much better/much more muito
  melhor/muito mais [. . . mel-yor/. . . my-sh]
  not much não muito [nowng . . .]
mug: I've been mugged atacaram-me
  [atak*a*h-rowng-muh]
mum mamã [mum*a*ng]
muscle um músculo [m*oo*shkooloo]
museum o museu [m*oo*zeh-oo]
mushrooms cogumelos [k*oo*goom*e*lloosh]
music a música [m*oo*zickuh]
must: I must have a . . . tenho de tomar
  um/uma . . . [t*e*n-yoo duh t*oo*om*a*r oom/oomuh]
  I must not eat . . . não devo comer . . . [nowng
  d*e*vvoo koom*a*ir]
  you must (do it) tem de fazê-lo [teng duh
  fazeh-loo]
  must I . . .? tenho de . . .? [t*e*n-yoo duh . . .]
mustard a mostarda [m*oo*sht*a*rduh]
my o meu/a minha [oo m*e*h-oo/uh m*e*en-yuh]
nail *(finger)* a unha [oon-yuh]
  (wood) um cravo [kr*a*h-voo]
  nailclippers alicate de unhas [aleek*a*t
  d*oo*n-yush]
  nailfile uma lima de unhas [*le*emuh . . .]
  nail polish verniz de unhas [vern*e*esh . . .]
  nail scissors tesoura de unhas [tez*o*h-ruh . . .]
naked nu [noo]; nua [noo-uh]
name o nome [nom]
  my name is chamo-me [sh*a*h-moo-muh]
  what's your name? como se chama? [k*o*-moo
  suh sh*a*h-muh]
não potável *not for drinking*
napkin um guardanapo [gw*a*rduh-n*a*ppoo]

....

nappy uma fralda [fralduh]
   disposable nappies fraldas de papel
   [fraldush duh papell]
narrow estreito [shtray-too]
national nacional [nuss-yoonal]
nationality a nacionalidade [nuss-yoonalidahd]
natural natural [natooral]
naughty: don't be naughty não sejas mau
   [nowng sejjush mah-oo]
near: is it near? fica perto? [feekuh pairtoo]
   near here aqui perto [akee . . .]
   do you go near . . .? passa perto de . . .?
   [passuh pairtoo duh]
   where's the nearest . . .? onde é o/a . . . mais
   próximo? [ondee eh . . . my-sh prossimoo]
nearly quase [kwahz]
neat (drink) puro [pooroo]
necessary necessário [nussussaree-oo]
   it's not necessary não é necessário [nowng
   eh . . .]
neck o pescoço [push-ko-soo]
   necklace um colar [koolar]
need: I need . . . preciso de . . . [prusseezoo duh]
needle uma agulha [agool-yuh]
negotiation a negociação [negoossee-ussowng]
neighbour o vizinho [vizeen-yoo]
neither: neither of them nenhum deles
   [nun-yoom deh-lush]
   neither . . . nor . . . nem . . . nem . . . [neng]
   neither do I eu também não [eh-oo tambeng
   nowng]
nephew: my nephew o meu sobrinho [oo
   meh-oo soobreenyoo]
nervous nervoso [nervoh-zoo]
net uma rede [red]
   net price o preço fixo [preh-soo feexoo]
never nunca [noonkuh]
   well, I never! nunca ouvi tal coisa [noonkuh
   o-vee tal koy-zuh]
new novo/nova [no-voo/novvuh]

New Year Ano Novo [ah-noo novoo]
New Year's Eve a véspera do Ano Novo [uh veshperuh doo . . .]
Happy New Year Feliz Ano Novo [feleez ah-noo no-voo]
news as notícias [ush nooteess-yush]
  newsagent vendedor de jornais [venduh-dor duh joor-nye-sh]
  newspaper um jornal [joornal]
  do you have any English newspapers? tem jornais ingleses? [teng joor-nye-zeen-glezush]
New Zealand Nova Zelândia [novvuh-zelahndee-uh]
New Zealander Neo-Zelandês [nee-o zelandesh]
next próximo [prossimoo]
  sit next to me sente-se a meu lado [sent-suh uh meh-oo lah-doo]
  please stop at the next corner pare na próxima esquina, por favor [par nuh prossimuh shkeenuh, poor fuh-vor]
  see you next year até ao ano que vem [a-teh ow ah-noo kuh veng]
  next week/next Tuesday na próxima semana/terça-feira [nuh prossimuh semah-nuh/tairsuh-fay-ruh]
nice agradável [agradah-vel]
niece: **my niece** a minha sobrinha [uh meen-yuh soobreen-yuh]
night a noite [noyt]
  good night boa noite [bo-uh noyt]
  at night à noite [ah noyt]
  is there a good nightclub here? pode indicar-me um bom 'nightclub'? [pod eendikar-muh . . .]
  night-life a vida nocturna [veeduh noktoor-nuh]
  night porter o porteiro de noite [poortay-roo duh noyt]
no não [nowng]
  there's no . . . não há [nowng ah . . .]

....

no way! nem pensar [neng pens*a*r]
I've no money não tenho dinheiro [nowng t*e*n-yoo din-y*a*y-roo]
nobody ninguém [neen-g*a*yng]
   nobody saw it ninguém o viu [neen-g*a*yng oo vee-*oo*]
noisy barulhento [barool-y*e*ntoo]
   our room is too noisy o nosso quarto é muito barulhento [oo n*o*ssoo kw*a*rtoo eh mw*ee*ntoo barool-y*e*ntoo]
none nenhum [nun-y*oo*m]/nenhuma
   none of them nenhum deles [nun-y*oo*m d*e*h-lush]
nonsense disparate [deeshper*a*t]
normal normal [noorm*a*l]
north o norte [nort]
Northern Ireland Irlanda do Norte [eerl*a*nduh doo nort]
nose o nariz [nar*ee*sh]
   I've a nosebleed estou a deitar sangue do nariz [shtoh uh day-t*a*r s*a*nguh doo nar*ee*sh]
not não [nowng]
   not that one esse não [ehss nowng]
   not me eu não [eh-oo nowng]
   I don't understand não percebo [nowng pers*e*bboo]
   he didn't tell me não mo disse [nowng moo d*ee*ess]
note *(banknote)* uma nota [n*o*ttuh]
nothing nada [n*a*h-duh]
November Novembro [noov*e*mbroo]
now agora [a-g*o*ruh]
nowhere em parte nenhuma [eng part nun-y*oo*muh]
nudist um nudista [nood*ee*shtuh]
   nudist beach uma praia de nudistas [pry-uh duh nood*ee*shtush]
nuisance: it's a nuisance é muito chato [eh mw*ee*ntoo sh*a*ttoo]
   this man's being a nuisance este homem

está a ser um chato [ehsht *o*mmeng shtah sair
oom sh*a*ttoo]
numb entorpecido [entorpuh-*see*doo]
number o número [n*oo*meroo]
see pages 127–128
  number plate a chapa da matrícula
[sh*a*h-puh duh matr*ee*kooluh]
nurse a enfermeira [emferm*ay*-ruh]
nut uma noz [nosh]
  (for bolt) uma porca [p*o*rkuh]
oar um remo [r*eh*-moo]
obligatory obrigatório [o-brigat*o*r-yoo]
obras *road works*
obviously obviamente [*o*bvee-am*e*nt]
occasionally de vez em quando [duh vehz eng
kw*a*ndoo]
occupied ocupado [okoo-p*a*h-doo]
o'clock *see* **time**
October Outubro [o-t*oo*-broo]
octopus polvo [p*o*le-voo]
ocupado *engaged*
odd *(number)* ímpar [*ee*mpar]
  (strange) estranho [shtr*a*h-yoo]
of de [duh]
off: the milk/meat is off o leite está
estragado/a carne está estragada [oo layt/uh
karn shtah shtrag-*a*h-doo/duh]
  it just came off soltou-se mesmo [sole-t*oh*-suh
m*e*jmoo]
  10% off dez por cento de desconto [desh poor
s*e*ntoo duh dush-k*o*ntoo]
offence uma injúria [eenj*oo*ree-uh]
  (legal) uma infracção [eemfrass*ow*ng]
office o escritório [shkreet*o*r-yoo]
officer *(to policeman)* Senhor Guarda [sun-yor
gw*a*r-duh]
official *(noun)* um funcionário
[foons-yoon*a*r-yoo]
often muitas vezes [mw*ee*ntush v*eh*-zush]
oil óleo [*o*llee-oo]

I'm losing oil está a perder óleo [shtah perd*air* *o*llee-oo]
will you change the oil? pode mudar o óleo?
[pod mood*a*r . . .]
ointment uma pomada [poom*a*h-duh]
OK O.K.
old velho [v*e*l-yoo]
how old are you? que idade tem? [kuh
eed*a*hd t*ai*ng]
olive uma azeitona [azay-t*o*nnuh]
olive oil azeite [az*a*yt]
omelette uma omeleta [ommuh-l*e*t]
on em [eng]
I haven't got it on me não o tenho comigo
[nowng oo t*e*n-yoo koom*ee*goo]
on Friday na sexta-feira [nuh s*e*shtuh
f*a*y-ruh]
on television na televisão [nuh
tulluh-veez*o*wng]
once uma vez [oomuh vesh]
at once imediatamente [eemuddy-aht-m*e*nt]
one um/uma [oom/*oo*muh]
the red one o vermelho [oo verm*e*l-yoo]
onion uma cebola [sub*o*lluh]
only *(adjective)* único [*oo*nikoo]
only one só um/uma [so oom/*oo*muh]
only once só uma vez [so oomuh vesh]
open *(adjective)* aberto [a-b*ai*r-too]
I can't open it não o posso abrir [nowng oo
possoo abr*ee*r]
when do you open? quando abre? [kw*a*ndoo
*a*bruh]
opera a ópera [*o*pperuh]
operation uma operação [o-peruh-s*o*wng]
will I need an operation? tenho de ser
operado? [t*e*n-yoo duh sair o-per*a*h-doo]
operator *(tel)* a telefonista [tulluh-foon*ee*shtuh]
opposite: opposite the hotel em frente do
hotel [aim frent doo o-t*e*l]
optician's o oculista [ockool*ee*shtuh]

or ou [oh]
orange laranja [larahn-juh]
  orange juice sumo de laranja [soo-moo duh . . .]
order: could we order now? podemos escolher agora? [poodeh-moosh shkool-yair agoruh]
  thank you, we've already ordered obrigado, já pedimos [o-breegah-doo jah pedeemoosh]
other: the other one o outro [oo oh-troo]
  do you have any others? tem mais? [teng my-sh]
  (different ones) tem outros? [. . . o-troosh]
otherwise doutro modo [doh-troo moddoo]
ought: I ought to go devo de ir [devvoo duh eer]
ounce uma onça [onsuh]
» TRAVEL TIP: 1 ounce = 28.35 grammes
our nosso [nossoo]/nossa [nossuh]
  that's ours isso é nosso [ee-soo eh nossoo]
out: we're out of petrol ficámos sem gasolina [feekammoosh seng gazooleenuh]
  get out! rua! [roo-uh]
outboard (motor) fora de bordo [foruh duh bordoo]
outdoors fora de casa [foruh duh kah-zuh]
outside: can we sit outside? podemos sentar-nos lá fora? [poodeh-moosh sentar-noosh lah foruh]
over: over here/there cá/lá [kah/lah]
  over 40 mais de quarenta [my-sh duh kwarentuh]
  it's all over acabou-se [akaboh-suh]
overboard: man overboard! homem ao mar! [ommeng ow mar]
overcharge: you've overcharged me você vendeu-me mais caro [vosseh vendeh-oo-muh my-sh kah-roo]
overcooked esturrado [shtoorrah-doo]
overexposed (phot) demasiado clara [demuzzy-ah-doo klah-ruh]
overnight (travel) de noite [duh noyt]

....

oversleep dormir de mais [doo-rm*ee*r
duh-my-sh]
  I overslept acordei tarde [a-koor-d*a*y]
overtake ultrapassar [ooltruh-pass*a*r]
owe: what do I owe you? quanto lhe devo?
  [kw*a*ntool-yuh d*e*vvoo]
own: my own . . . o meu próprio . . . /a minha
  própria . . . [oo m*e*h-oo propree-oo/uh m*ee*n-yuh
  propree-uh]
  I'm on my own estou sôzinho [shtoh
  sozz*ee*n-yoo]
owner o dono [d*o*h-noo]
oyster uma ostra [*o*shtruh]
P. = Praça *Square*
pack: can I have a packed lunch? pode dar-
  me umas sandes em vez do almoço? [pod d*a*r-
  muh *oo*mush sandsh eng vesh doo al-mo-soo]
  I haven't packed yet ainda não fiz as malas
  [uh-*ee*nduh nowng feez ush m*a*h-lush]
package tour uma excursão organiz*a*da
  [shkoor-s*o*wng]
page *(of book)* a página [p*a*h-jinnuh]
  could you page him? pode chamá-lo? [pod
  sham*a*h-loo]
pain uma dor
  I've got a pain in my . . . tenho uma dor de . . .
  [t*e*n-yoo *oo*muh dor duh]
  painkillers calmantes [kalm*a*ntsh]
painting uma pintura [peent*oo*ruh]
Pakistan Paquistão [pakisht*o*wng]
Pakistani Paquistanês [pakisht*a*nesh]
pale pálido [p*a*llido]
pancake um crepe [krep]
panties um par de cuecas [par duh kw*e*ckush]
pants calças [k*a*lsush]
  (underpants) uns slips [oonsh sleepsh]
paper papel [pupp*e*l]
  (newspaper) o jornal [joorn*a*l]
para alugar *to let*
paragem *stop (bus, tram, etc)*

....

parcel um embrulho [embrool-yoo]
pardon *(didn't understand)* como disse? [ko-moo deess]; **I beg your pardon** *(sorry)* desculpe [dush-koolp]
pare stop
parents: my parents os meus pais [oosh meh-oosh pye-sh]
park o parque [park]
  where can I park my car? onde posso estacionar o meu carro? [onduh possoo shtass-yoonar oo meh-oo karroo]
part uma parte [part]
partidas departures
partner *(dance, game)* parceiro [persay-roo]
  (social) companheira [kompan-yay-ruh]
party *(group)* o grupo [groopoo]
  (celebration) uma festa [feshtuh]
  I'm with the ... party estou com o grupo ... [shtoh kong oo groopoo]
pass *(mountain)* um desfiladeiro [dushfeeladay-roo]
  he's passed out desmaiou [duj-my-oh]
passable *(road)* transitável [tranzitah-vel]
passagem de nível level crossing
passagem subterrânea subway
passe cross now
passenger um passageiro [passajay-roo]
passer-by um transeunte [tranz-yoont]
passport o passaporte [pass-port]
past: in the past no passado [noo passah-doo]
  see **time**
pastry massa folhada [massuh fol-yah-duh]
  (cake) um bolo [bo-loo]
path um caminho [kameen-yoo]
patient: be patient tenha paciência [ten-yuh pass-yenss-yuh]
pattern *(print)* desenho [dezen-yoo]
pavement o passeio [passayoo]
pay *(verb)* pagar; **can I pay, please** por favor, queria pagar [poor fuh-vor, kree-uh pagar]

....

peace a paz [pash]
peach um pêssego [pehss-goo]
peanuts amendoins [amend-weensh]
pear uma pêra [peh-ruh]
peas ervilhas [air-veel-yush]
pebble um seixo [say-shoo]
pedal (noun) o pedal [puh-dal]
pedestrian um peão [pee-owng]
   pedestrian crossing uma passadeira
   [passuh-day-ruh]
peg uma estaca [shtah-kuh]
pelvis a pélvis [pelveesh]
pen uma caneta [kanettuh]
   have you got a pen? tem uma caneta?
pencil um lápis [lah-peesh]
penfriend um correspondente
   [koorush-pondent]
penicillin a penicilina [punny-sileenuh]
penknife um canivete [kaneevet]
pensioner um reformado [refoormah-doo]
people a gente [jent]
   the Portuguese people os Portugueses [oosh
   poortoo-geh-zush]
pepper pimenta [peementuh]
peppermint hortelã-pimenta
   [ortelang-peementuh]
per: per night/week/person por
   noite/semana/pessoa [poor
   noyt/semah-nuh/pussoh-uh]
per cent por cento [poor sentoo]
perdidos e achados lost property
perfect perfeito [perfaytoo]
   the perfect holiday as férias ideais [ush
   fairy-ush eedee-eye-sh]
perfume o perfume [perfoom]
perhaps talvez [talvesh]
perigo danger
period (also med) o período [peree-oodoo]
perm uma permanente [permanent]
permit (noun) uma licença [leesensuh]

person uma pessoa [pussoh-uh]
  in person em pessoa
pessoal *staff only*
petrol a gasolina [gazooleenuh]
  petrol station uma bomba de gasolina
  [bombuh duh . . .]
» *TRAVEL TIP: 'super' is equivalent to 3 star,*
  'normal' to 2 star
phone *see* telephone
photograph uma fotografia [footoografee-uh]
  would you take a photograph of us? quer
  tirar-nos uma fotografia?
  [kair teerar-nooz . . .]
piano um piano [pee-ah-noo]
pickpocket um carteirista [kurtay-reeshtuh]
picture um quadro [kwadroo]
pie *(meat)* um pastel [pashtel]
  (fruit) uma torta [tortuh]
piece um pedaço [pedah-soo]
  a piece of . . . um bocado de . . . [oom
  bookah-doo duh]
pig um porco [porkoo]
pigeon um pombo [pomboo]
pile-up um acidente múltiplo [asseedent
  mooltiploo]
pill uma pílula [peelooluh]
  do you take the pill? está a tomar a pílula?
  [shtah toomar uh . . .]
pillion *(passenger)* o pendura [pendooruh]
  on the pillion no assento de trás [noo assentoo
  duh trash]
pillow uma almofada [almoofah-duh]
pin um alfinete [alfeenet]
pineapple ananás [ananash]
pink rosa [rozzuh]
pint: a pint of beer uma caneca de cerveja
  [kaneckuh duh serveh-juh]
» *TRAVEL TIP: 1 pint = 0.57 litres*
pipe um cachimbo [kasheemboo]
  (sink) o cano [kah-noo]

pipe tobacco tabaco de cachimbo
[tab*a*h-koo . . .]
piston o êmbolo [*e*mbooloo]
pity: it's a pity é uma pena [eh *oo*muh p*e*h-nuh]
place um lugar [loog*a*r]
  is this place taken? este lugar está ocupado?
  [ehsht loog*a*r shtah o-koop*a*h-doo]
  do you know any good places to go?
  conhece algum sítio bom onde se possa ir?
  [koon-y*e*ss algo*o*m s*e*et-yoo bong *o*nduh suh
  possuh eer]
plain *(food)* simples [s*ee*mplush]
  (not patterned) liso [l*ee*zoo]
plane um avião [uh-vee-*o*wng]
  by plane de avião [davvy-*o*wng]
plant uma planta [pl*a*ntuh]
plaster *(med)* um emplastro [empl*a*shtroo]
  see **sticking**
plastic plástico [pl*a*shtickoo]
plate um prato [pr*a*h-too]
platform o cais [kye-sh]
  which platform, please? qual é o cais, por
  favor? [kwal eh oo kye-sh, poor fuh-v*o*r]
**play: somewhere for the children to
  play** algum sítio onde as crianças possam
  brincar [algo*o*m s*e*et-yoo *o*nduh ush
  kree-*a*n-sush possowng breenk*a*r]
pleasant agradável [agrad*a*h-vel]
please: could you please . . .? por favor,
  pode . . .? [poor fuh-v*o*r, pod . . .]
  (yes) please (sim) por favor [seeng . . .]
pleasure o prazer [praz*ai*r]
  my pleasure não tem de quê [nowng teng duh
  keh]
plenty: plenty of . . . muito [mw*ee*ntoo]
  thank you, that's plenty chega, obrigado
  [sh*e*gguh, o-breeg*a*h-doo]
pliers um alicate [aleek*a*t]
plimsolls sapatos de ténis [sap*a*h-toosh . . .]
plonk vinho [v*ee*n-yoo]

plug *(elec)* uma ficha [f*ee*shash]
   (car) uma vela [v*e*lluh]
   (bath) a tampa do ralo [t*a*mpuh doo r*a*h-loo]
» *TRAVEL TIP: sockets are two-pin in Portugal*
plum uma ameixa [am*a*y-shuh]
plumber o canalizador [kanaleezad*o*r]
plus mais [my-sh]
p.m. da tarde [duh tard] *official times are usually
   expressed by 24 hour system*
pneumonia a pneumonia [pneh-oo-moon*ee*-uh]
poached egg um ovo escalfado [*o*-voo
   shkalf*a*h-doo]
pocket o bolso [oo b*o*le-soo]
point: could you point to it? pode indicar-mo?
   [pod eendik*a*r-moo]; **four point six** quatro
   vírgula seis [kw*a*troo v*ee*rgooluh saysh]
points *(car)* os platinados [plateen*a*h-doosh]
police a polícia [pool*ee*ss-yuh]
   get the police chame a polícia [shahm . . .]
   policeman um polícia
   police station o Posto da Polícia [poshtoo]
» *TRAVEL TIP: grey uniform; phone number in front
   of phone book*
polish *(noun)* graxa [gr*a*shuh]; **will you polish
   my shoes?** pode engraxar-me os sapatos? [pod
   engrashar-muh oosh sap*a*h-toosh]
polite bem-educado [beng eedook*a*h-doo]
politics a política [pool*ee*tickuh]
polluted contaminado [kontameen*a*h-doo]
polythene bag um saco de plástico
pool *(swimming)* uma piscina [peesh-s*ee*nuh]
poor: poor quality de má qualidade [duh mah
   kwaleed*a*d]; **I'm very poor** sou muito pobre
   [soh mw*ee*ntoo p*o*bruh]
popular popular [poopool*a*r]
population a população [poop-luh-s*o*wng]
pork carne de porco [karn duh p*o*re-koo]
port um porto [p*o*rtoo]
   (drink) vinho do Porto [v*ee*n-yoo doo . . .]
   (opp. starboard) bombordo [–doo]

portagem *toll*
porteiro *porter (janitor)*
porter *(station)* um carregador [kargador]
  (hotel) um rapaz [rapash]
portrait um retrato [ruh-trah-too]
Portugal Portugal [poortoogal]
Portuguese português [poortoogesh]
  a Portuguese woman uma portuguesa
  the Portuguese os Portugueses [–gheh-zush]
  I don't speak Portuguese não falo português
  [nowng fah-loo . . .]
posh *(place)* de luxo [duh loo-shoo]
  (person) elegante [eelegant]
possible possível [poo-seevel]; **could you**
  possibly? era-lhe possível [errul-yuh . . .]
post o correio [koorayoo]
  postcard um postal [pooshtal]
  post office o correio
» *TRAVEL TIP: look for sign 'Correios' or CTT on*
  blue sign
poste restante a posta restante [poshtuh
  reshtant]
posto de socorros *first aid post*
potatoes batatas [batah-tush]
pottery louça [loh-suh]
pound uma libra [leebruh]
» *TRAVEL TIP: conversion:* $\frac{pounds}{11} \times 5 = kilos$

pounds	1	3	5	6	7	8	9
kilos	0.45	1.4	2.3	2.7	3.2	3.6	4.1

pour: it's pouring está a chover a cântaros
  [shtah shoovair uh kantuh-roosh]
powder pó
power cut um corte de energia [kort
  deenerjee-uh]
power point uma tomada [toomah-duh]
prawns gambas [gambash]
  prawn cocktail cocktail de gambas
prefer: I prefer this one prefiro isto [prefeeroo
  eeshtoo]

pregnant grávida
pré-pagamento *pay and get your receipt before being served*
prescription uma receita [russay-tuh]
present: at present agora
  here's a present for you tens aqui um presente [tainz akee oom prezent]
president o presidente [pruzzy-dent]
press: could you press these? pode passar-me estas [pod passar-muh eshtush]
pretty bonito [booneetoo]
  it's pretty good é bastante bom [eh bashtant bong]
price o preço [preh-soo]
priest um padre [oom pahd-ruh]
printed matter impressos [eempressoosh]
prison a cadeia [kadayyuh]
private privado [preevah-doo]
probably provavelmente [proovah-velment]
problem um problema [proobleh-muh]
product um produto [proodootoo]
profit lucro [lookroo]
proibido: – fumar *no smoking;* ***– acampar*** *no camping;* ***– a ultrapassagem*** *no overtaking;* ***– a entrada*** *no entry*
promise: do you promise? promete? [proomet]
  I promise prometo [proomettoo]
pronounce: how do you pronounce it? como se pronuncia? [ko-moo suh proonoon-see-uh]
propeller uma hélice [elleess]
properly correctamente [koorettament]
property a propriedade [proopree-uh-dahd]
prostitute a prostituta [prooshteetootuh]
protect proteger [prootuh-jair]
Protestant protestante [prootushtant]
proud orgulhoso [orgool-yo-zoo]
public: the public o público [pooblikoo]
  public convenience casas-de-banho públicas [kah-zush duh bahn-yoo pooblikush]
  see **toilet**

» *TRAVEL TIP: public holidays:*
  Jan 1 Ano Novo *New Years Day*
       Sexta-feira Santa *Good Friday*
  April 25 Vinte e cinco de Abril *Day of the
       Revolution*
  May 1 Dia do Trabalho *Labour Day*
       Corpo de Deus *Corpus Christi*
  Jun 10 Dia de Portugal *National Holiday*
  Aug 15 Assunção *Assumption Day*
  Oct 5 Dia da República *Day of the Republic*
  Nov 1 Todos os Santos *All Saints*
  Dec 1 Primeiro de Dezembro *Restoration of
       Independence*
  Dec 8 Imaculada Conceição *Immaculate
       Conception*
  Dec 25 Natal *Christmas Day*
pull *(verb)* puxar [pooshar]
  he pulled out in front of me pôs-se à minha
  frente [posh-suh ah meen-yuh frent]
pump uma bomba [bombuh]
punctual pontual [pontoo-al]
puncture um furo [fooroo]
pure puro [pooroo]
purple cor de púrpura [kor duh poorpooruh]
purse uma bolsa [bole-suh]
push *(verb)* empurrar [empoorrar]
  push-chair um carrinho de bebé [kareen-yoo
  duh bebeh]
put: where can I put . . .? onde posso
  colocar . . .? [onduh possoo koolookar]
puxe pull
pyjamas um pijama [peejah-muh]
quality a qualidade [kwallidahd]
quarantine a quarentena [kwaraintennuh]
quarter a quarta parte [kwartuh part]
  a quarter of an hour um quarto de hora [oom
  kwartoo dee or-uh]
quay o cais [kye-sh]
quente hot
question uma pergunta [pergoontuh]

queue *(noun)* uma bicha [beeshuh]
quick rápido [rapidoo]
  that was quick! que rápido que foi! [kuh rapidoo kuh foy]
quiet tranquilo [tran-kweeloo]
  be quiet! cale-se! [kal-suh]
quite *(fairly)* bastante [bushtant]
  (very) absolutamente [absoolootuh-ment]
  quite a lot bastante
R. = Rua *street*
radiator um radiador [rad-yuh-dor]
radio um rádio [rahd-yoo]
rail: by rail por caminho-de-ferro [poor kameenyoo duh ferroo]
rain a chuva [shoovuh]
  it's raining está a chover [shtah shoovair]
  raincoat um impermeável [eempermee-ah-vel]
rally *(car)* um rally
rape a violação [vee-ooluh-sowng]
rare *(steak)* em sangue [em sanguh]
raspberry framboesa [frambweh-zuh]
rat uma ratazana [rattuh-zah-nuh]
rather: I'd rather sit here prefiro sentar-me aqui [prefeeroo sentar-muh akee]
  I'd rather not prefiro que não [prefeeroo kuh nowng]; **it's rather hot** está muito calor [shtah mweentoo kalor]
raw cru/crua [kroo/kroo-uh]
razor uma máquina de barbear [macky-nuh duh berbee-ar]; **razor blades** lâminas para barbear [laminush para berbee-ar]
r/c = rés-do-chão *ground floor*
read: you read it leia-o [layuh-oo]
  something to read alguma coisa para ler [algoomuh koy-zuh para lair]
ready: when will it be ready? quando está pronto? [kwandoo shtah pront]
  I'm not ready yet ainda não estou pronto [uh-eenduh nowng shtoh pront]

real verdadeiro [verdad*a*y-roo]
really realmente [ree-alm*e*nt]
rear-view mirror o espelho retrovisor
  [shp*e*ll-yoo retroo-veez*o*r]
reasonable razoável [razw*a*h-vel]
receipt um recibo [res*ee*boo]
  can I have a receipt, please? pode dar-me um
  recibo, por favor? [pod d*a*r-muh ...]
recently há pouco [ah po-koo]
reception *(hotel)* a recepção [resep-s*o*wng]
receptionist a recepcionista
  [reseps-yoo-n*ee*shtuh]
recipe uma receita [res*a*ytuh]
recommend: can you recommend . . .? pode
  aconselhar-me . . .? [pod akonsul-y*a*rmuh]
record *(music)* um disco [d*ee*shkoo]
red vermelho [verm*e*l-yoo]
reduction *(in price)* um desconto [dushk*o*ntoo]
refuse: I refuse recuso-me [rek*oo*zoo-muh]
region a região [rej-y*o*wng]
  in this region nesta região [n*e*shtuh ...]
registered letter uma carta registada [k*a*rtuh
  rejeesht*a*h-duh]
regret: I have no regrets não tenho pena
  nenhuma [nowng t*e*n-yoo p*e*nnuh
  nun-y*oo*-muh]
relax: I just want to relax só quero descansar
  [so k*a*iroo dush-kans*a*r]
  relax! calma! [k*a*lmuh]
remember: don't you remember? não se
  lembra? [nowng suh l*e*mbruh]
  I'll always remember lembrar-me-ei sempre
  [lembrar-mee-*a*y s*e*mpruh]
  something to remember you by uma coisa
  para me lembrar de ti [k*oy*-zuh para muh
  lembr*a*r duh tee]
rent: can I rent a car/boat/bicycle? posso
  alugar um carro/um barco/uma bicicleta?
  [poss*oo* aloog*a*r oom k*a*rroo/oom b*a*rkoo/oomuh
  beeseekl*e*ttuh]

repair: can you repair it? pode consertá-lo
[pod konsertah-loo]
repeat: could you repeat that? pode repeti-lo?
[pod repetee-loo]
reputation a reputação [repootuh-sowng]
rés-do-chão ground floor
rescue (verb) salvar
reservas reservations
reservation uma reserva [rezairvuh]
  I want to make a reservation for . . . quero
  fazer uma reserva para . . . [kairoo fazair
  oomuh rezairvuh para]
reserve: can I reserve a seat? posso reservar
  um lugar? [possoo rezervar oom loogar]
responsible responsável [rushponsah-vel]
rest: I've come here for a rest estou aqui para
  descansar [shtoh akee para dushkansar]
  you keep the rest fique com o resto [feek kong
  oo reshtoo]
restaurant um restaurante [rushtoh-rant]
retired reformado [ruh-foormah-doo]
return: a return/two returns to . . uma ida e
  volta/duas idas e voltas para . . . [oomuh eeduh
  ee voltuh/doo-uz eeduz ee voltush para]
reverse gear a marcha atrás [marshuh atrash]
rheumatism o reumatismo [reh-oomateej-moo]
rib uma costela [kooshtelluh]
rice arroz [arosh]
rich rico [reekoo] (food) forte [fort]
ridiculous ridículo [rideekooloo]
right: that's right está certo [shtah sairtoo]
  you're right tem razão [teng razowng]
  on the right à direita [ah deeraytuh]
  right here aqui mesmo [akee mej-moo]
  right-hand drive de volante à direita [duh
  voolant ah deeraytuh]
ring (on finger) um anel
ripe maduro [madooroo]
rip-off: it's a rip-off isso é um roubo [eesoo eh
  oom ro-boo]

river um rio [ree-oo]
road a estrada [shtr*a*h-duh]
  which is the road to . . .? qual é a estrada
  para . . .? [kwal eh uh shtr*a*h-duh para]
  roadhog um pé [oom peh]
rob: I've been robbed roubaram-me
  [roh-b*a*rowng-muh]
rock *(noun)* uma rocha [r*o*shuh]
  whisky on the rocks whisky com gelo [. . .
  kong j*e*n-loo]
roll *(bread)* um papo-sêco [p*a*poo s*e*h-koo]
Roman Catholic católico romano [kat*o*llikoo
  room*a*h-noo]
romantic romântico [room*a*ntikoo]
roof o telhado [tul-y*a*h-doo]
room um quarto [kw*a*rtoo]
  have you got a (single/double) room? tem
  um quarto (individual/de casal)? [teng oom
  kw*a*rtoo (eendivid-w*a*l/duh kaz*a*l)]
  for one night/three nights para uma noite/
  três noites [para *oo*muh noyt/tresh noytsh]
  YOU MAY THEN HEAR . . .
  desculpe, estamos cheios *sorry, we're full*
  com ou sem banho? *with or without bath?*
room service serviço de quartos [serv*ee*so duh
  kw*a*rtoosh]
rope uma corda [k*o*rduh]
rose uma rosa [r*o*zzuh]
rosé rosé [r*oo*-zeh]
rough *(sea, weather)* tempestuoso
  [tempesht-wo-zoo]
roughly *(approximately)* aproximadamente
  [apr*oo*ssim*a*h-dam*e*nt]
roulette a roleta [rool*e*ttuh]
round *(circular)* redondo [red*o*ndoo]
roundabout uma rotunda [rot*oo*nduh]
route a estrada [shtr*a*h-duh]
  which is the prettiest/fastest route? qual é a
  estrada mais bonita/mais rápida? [kwal eh uh
  shtr*a*h-duh my-sh boon*ee*tuh/my-sh r*a*piduh]

rowing boat um barco a remos [barkoo uh reh-moosh]

rubber borracha [boorashuh]
  rubberband uma fita elástica [feetuh elashtikuh]

rubbish o lixo [leeshoo]
  rubbish! que disparate! kuh deeshparat]

rucksack uma mochila [moosheeluh]

rudder o leme [lem]

rude grosseiro [groosayroo]
  (indecent) indecente [eendesent]

ruins as ruínas [ush roo-eenush]

rum rum [roong]; **rum and coke** uma cuba livre [koobuh leevruh]

run: hurry, run! corra, depressa!
  I've run out of petrol/money acabou-se-me a gasolina/o dinheiro [akabohss-muh uh gazooleenuh/oo din-yay-roo]

sad triste [treesht]

safe seguro [segooroo]
  will it be safe here? está seguro aqui? [shtah segooroo akee]
  is it safe to swim here? pode-se nadar aqui sem perigo? [pod-suh nadar akee saim pereegoo]

safety a segurança [segooran-suh]
  safety pin um alfinete de segurança [alfy-net duh . . .]

saída exit *—de emergência* emergency exit

sail *(noun)* uma vela [velluh]
  can we go sailing? podemos ir fazer vela? [poodeh-mooz eer fazair velluh]

sailor um marinheiro [mareen-yayroo]

sala de espera waiting room

salad uma salada [salah-duh]

salami salame [salam]

saldos sales

sale: is it for sale? está à venda? [shtah ah venduh]

salmon salmão [salmowng]

salt o sal [sal]

same mesmo [mejmoo]
  the same again, please o mesmo, por favor
  the same to you igualmente [eeg-wal-ment]
sand areia [areyyuh]
sandals umas sandálias [oomush sandahl-yush]
sandwich uma sandes [sandsh]
sanitary towels toalhas higiénicas [twal-yuz eej-yennikush]
satisfactory satisfatório [sateesh-fator-yoo]
Saturday sábado [sab-doo]
sauce molho [mole-yoo]
  saucepan uma caçarola [kassarolluh]
saucer um pires [peerush]
sauna uma sauna [sow-nuh]
sausage salsicha [salseeshuh]
save *(life)* salvar
say: how do you say . . . in Portuguese? como se diz . . . em português? [ko-moo suh deesh . . . eng poortoo-ghesh]
  what did he say? o que é que ele disse? [oo kee eh kehl deess]
scarf um lenço de pescoço [lensoo duh pushko-soo] *(headscarf)* um lenço de cabeça [. . . kabeh-suh]
scenery a paisagem [pye-zah-jeng]
schedule o programa [proograh-muh]
  on/behind schedule a horas/com atraso [uh orush/kong atrah-zoo]
  scheduled flight um voo regular [vo-oo regoolar]
school uma escola [shkolluh]
scissors: a pair of scissors uma tesoura [tezoh-ruh]
scooter uma motoreta [mootoorettuh]
Scotland Escócia [shkoss-yuh]
Scottish escocês [shkoossesh]
scrambled eggs ovos mexidos [ovvoosh mesheedoosh]
scratch *(verb) (self)* coçar-se [koosar-suh] *(car)* riscar [reeshkar]

scream *(noun)* um grito [gr*ee*too]
screw *(noun)* um parafuso [paraf*oo*zoo]
  screwdriver uma chave de fendas [shahv duh
  *f*endush]
sea o mar
  by the sea à beira-mar [ah b*a*y-ruh mar]
seafood mariscos [mar*ee*shkoosh]
search *(verb)* procurar [prookoor*a*r]
  search party uma expedição de socorro
  [oomuh shpedees*o*wng duh sook*o*rroo]
seasick: I feel seasick estou enjoado [shtoh
  enj-w*a*h-doo]
  I get seasick enjoo sempre [enj*o*h-oo s*e*mpruh]
seaside a praia [pry-uh]
  let's go to the seaside vamos para a praia
  [v*a*moosh prah pry-uh]
season a época [*e*ppookuh]
  the high/low season a estação alta/baixa
  [shtass*o*wng *a*ltuh/by-shuh]
seasoning condimento [condeem*e*ntoo]
seat um assento [ass*e*ntoo]
  is this somebody's seat? este lugar está
  ocupado? [ehsht loog*a*r shtah o-koop*a*h-doo]
  seat belt o cinto de segurança [s*e*entoo duh
  suggoo-r*a*n-suh]
sea-urchin ouriço-do-mar [oh-*ree*-soo doo mar]
seaweed a *a*lga
second segundo [seg*oo*ndoo]
  just a second espera um momento [shp*ai*ruh
  oom moom*e*ntoo]
  second hand em segunda mão [eng
  seg*oo*nduh mowng]
see ver [vair]
  oh, I see já percebo [jah pers*e*bboo]
  have you seen...? viu...? [vee-*oo*]
  can I see the room? posso ver o quarto?
  [p*o*ssoo vair oo kw*a*rtoo]
seem parecer [purruh-s*ai*r]
  it seems so assim parece
  [ass*ee*ng par*e*ss]

seldom raras vezes [rah-rush veh-zush]
sell vender [vendair]
selos stamps
semáforos traffic lights
send mandar
senhoras Ladies
sensitive sensível [senseevel]
sentido único one-way street
sentimental sentimental
separate *(adjective)* separado [supperah-doo]
  I'm separated estou separado [shtoh . . .]
  can we pay separately? podemos pagar cada
  um separadamente? [poodeh-moosh pagar
  kah-duh oom supperah-duh-ment]
September Setembro [suttembroo]
serious sério [sair-yoo]
  I'm serious estou a falar a sério [shtoh uh
  falahr uh sair-yoo]
  is it serious, doctor? é grave, Sr. doutor? [eh
  grav sun-yor doh-tor]
service: the service was excellent/poor o
  serviço foi óptimo/mau [ooh servee-sòo foy
  ottimoo/mah-oo]
  service station uma estação de serviço
  [shtassowng duh servee-soo]
serviette um guardanapo [gwarduh-nappoo]
sexy sexy
shade: in the shade à sombra [ah sombruh]
shake sacudir [sakoodeer]
  to shake hands apertar a mão [apertar uh
  mowng]
» *TRAVEL TIP: always shake hands with people*
  when you meet or are introduced
shallow pouco profundo [po-koo proofoondoo]
shame: what a shame! que pena!
  [kuh pennuh]
shampoo *(noun)* um champô [shampoh]
  shampoo and set lavagem e mise [lavah-jeng
  ee meez]

shandy uma cerveja com limonada [serveh-juh kong leemoonah-duh] *no real equivalent*
share *(room, table)* partilhar [perteel-yar]
shark um tubarão [toobarowng]
sharp afiado [afee-ah-doo]
shave fazer a barba [fazair uh barbuh]
   shaver uma máquina de barbear [oomuh mackinuh duh berbee-ar]
   shaving foam espuma para a barba [shpoomuh prah . . .]
   shaving point a tomada para a máquina de barbear [toomah-duh prah]
she ela [elluh]
   she is my friend é minha amiga [eh meen-yuh ameeguh]
   she is tired está cansada [shtah kansah-duh]
sheep uma ovelha [o-vel-yuh]
sheet um lençol [len-sol]
shelf uma prateleira [prut-lay-ruh]
shell uma concha [konshuh]
   shellfish mariscos [mareeshkoosh]
shelter *(noun)* um abrigo [abreegoo]
   can we shelter here? podemos abrigar-nos aqui? [poodeh-mooz abreegar-nooz akee]
sherry Xerez [shurresh]
ship um barco [barkoo]
shirt uma camisa [kameezuh]
shock *(noun: surprise)* um choque [shock]
   I got an electric shock from the . . . apanhei um choque eléctrico de . . . [apan-yay oom shock eeletrikoo duh]
   shock-absorber o amortecedor [amort-suh-dor]
shoe um sapato [sapah-too]
» *TRAVEL TIP: shoe sizes*

UK	4	5	6	7	8	9	10	11
Portugal	37	38	39	41	42	43	44	46

shop uma loja [lojjuh]; **I've some shopping to do** tenho de fazer umas compras [ten-yoo duh fazair oomush komprush]

....

shore a praia [pry-uh]
short *(height)* baixo [by-shoo] *(dress)* curto
[koortoo]
  I'm four short faltam-me quatro
  [faltowng-muh kwatroo]
  short cut um atalho [atal-yoo]
shorts calções [kal-soyngsh]
shoulder o ombro [ombroo]
shout gritar [greetar]
show: please show me pode mostrar-me, por
favor? [pod moosh-trar-muh, poor fuh-vor]
shower: with shower com duche [kong doosh]
shrimps camarões [kamaroyngsh]
shrink: it's shrunk está encolhido [shtah
enkool-yeedoo]
shut *(verb)* fechar [fushar]
  when do you shut? a que horas fecha? [uh kee
  orush feshuh]
  shut up! cale-se! [kal-suh]
shy tímido [teemidoo]
sick doente [doo-ent]
  I feel sick sinto-me enjoado [seentoo-muh
  enj-wah-doo]
  he's been sick vomitou [voomitoh]
side o lado [lah-doo]
  side lights *(car)* as luzes de presença [ush
  loozush duh prezen-suh]
  side road rua lateral [roo-uh lateral]
  by the side of the road na berma da estrada
  [nuh bairmuh duh shtrah-duh]
sight: out of sight longe da vista [lonj duh
veeshtuh]
  the sights of . . . os centros de interesse de . . .
  [oosh sentroosh deenteress duh]
  sightseeing tour um circuito turístico
  [seer-kweetoo tooreeshtikoo]
sign *(road)* sinal *(notice)* o letreiro [letray-roo]
signal: he didn't signal ele não fez sinal [ehl
nowng fesh seenal]
signature a assinatura [asseena-tooruh]

silence *(noun)* o silêncio [seelenss-yoo]
silencer a panela de escape [panelluh duh shkap]
silk a seda [sedduh]
silly tolo [toh-loo]
silver prata [prah-tuh]
similar semelhante [summel-yant]
since: since last week desde a semana passada [dej-duh semah-nuh pussah-duh]
  since we arrived desde que chegámos [dej-duh kuh shuggammoosh]
  (because) como [ko-moo]
sincere sincero [seen-sairoo]; **yours sincerely** com os meus cumprimentos
sing cantar
single: single room um quarto individual [kwartoo eendiveed-wal]
  I'm single sou solteiro [sohsoltay-roo]
  a single to . . . uma ida para . . . [oomuh eeduh para]
sink: it sank afundou-se [afoondoh-suh]
sir senhor [sun-yor]
sister: my sister minha irmã [meen-yuh eer-mang]
sit: can I sit here? posso sentar-me aqui? [possoo sentar-muh akee]
size o tamanho [tamahn-yoo]
skid *(verb)* patinar [pateenar]
skin a pele [pell]
  skin-diving mergulhar [mergool-yar]
skirt uma saia [sa-yuh]
sky o céu [seh-oo]
sleep: I can't sleep não posso dormir [nowng possoo doo-rmeer]; **sleeper** *(rail)* a carruagem-cama [kar-wah-jeng kah-muh]
  sleeping bag um saco de dormir [sah-koo duh doo-rmeer]; **sleeping pill** um comprimido para dormir [kompreemeedoo para doormeer]
  YOU MAY HEAR . . .
  dormiu bem? *did you sleep well?*

....

sleeve a manga [manguh]
slide (phot) um diapositivo [dee-uh-poozit*ee*voo]
slow lento [l*e*ntoo]
   could you speak a little slower? pode falar
   mais devagar? [pod fal*a*r my-sh duvvag*a*r]
small pequeno [puh-k*e*h-noo]
   small change trocos [tr*o*ckoosh]
smallpox varíola [var*ee*-ooluh]
smell: there's a funny smell há um cheiro
   desagradável [ah oom sh*a*y-roo
   duzza-grad*a*h-vel]
   it smells cheira mal [sh*a*y-ruh mal]
smile (verb) sorrir [soo-r *ee*r]
smoke (noun) o fumo [f*oo*moo]
   do you smoke? fuma? [f*oo*muh]
   can I smoke? posso fumar? [possoo foom*a*r]
» TRAVEL TIP: no smoking in cinemas, théatres
smooth liso [l*ee*zoo]
snack: can we just have a snack? só
   queríamos uma refeição ligeira [so
   kr*ee*-uh-mooz *oo*muh refay-s*o*wng lee-j*a*y-ruh]
snorkel o tubo de respiração [t*oo*boo duh
   rushp*ee*raso*wng*]
snow a neve [nev]
so: it's so hot está tanto calor [shtah t*a*ntoo
   kalor]; **not so much** não tanto
   so-so assim, assim [ass*ee*ng . . .]
soap o sabonete [saboon*e*t]
   soap powder detergente [deter-j*e*nt]
sober sóbrio [s*o*bree-oo]
socks as peúgas [ush pee-*oo*gush]
soda (water) soda [s*o*dduh]
soft drink bebida não alcoólica [beb*ee*duh nowng
   alk-w*o*llikuh]
sole (shoe) a sola [s*o*lluh]
   could you put new soles on these? pode
   pôr-lhes solas novas? [pod pore-l-yush s*o*llush
   n*o*vvush]
   YOU MAY THEN HEAR . . .
   de borracha ou sola? rubber or leather?

some: some people algumas pessoas
[algoomush pussoh-ush]
**can I have some grapes/some
bread?** queria uvas/um pouco de pão [kree-uh
oovush/oom po-koo duh powng]
can I have some more? posso repetir? [possoo
ruh-peteer]
somebody alguém [al-gheng]
something alguma coisa [algoomuh koy-zuh]
sometimes às vezes [ash veh-zush]
somewhere nalguma parte [nalgoomuh part]
son: my son meu filho [meh-oo feel-yoo]
song uma canção [kan-sowng]
soon cedo [seh-doo]
sooner mais cedo [my-sh seh-doo]
as soon as possible o mais cedo possível [oo
my-sh seh-doo poo-see-vel]
sore: it's sore dói-me [doy-muh]
sore throat uma dor de garganta
sorry: (I'm) sorry desculpe [dushkoolp]
sort: this sort este género [ehshtuh jen-roo]
what sort of . . .? que tipo de . . .? [kuh teepoo
duh]
will you sort it out? pode resolvê-lo? [pod
rezolvair-loo]
soup uma sopa [so-puh]
sour azedo [azeh-doo]
south sul [sool]
South Africa África do Sul [afrikuh doo sool]
South African sul-africano [sool-afrikah-noo]
souvenir uma lembrança [lembran-suh]
spade uma enxada [enshah-duh]
spaghetti esparguete [shpar-get]
Spain Espanha [shpahn-yuh]
Spanish espanhol [shpan-yol]
spanner a chave de porcas [shahv duh porkush]
spare: spare part uma peça sobresselente
[pessuh sobruh-selent]
spare wheel roda sobresselente
[rodduh . . .]

spark(ing) plug uma vela [velluh]
speak: do you speak English? fala inglês?
[fah-luh eenglesh]
   I don't speak ... não falo ...
   [nowng fah-loo]
special especial [eshpuss-yal]
specialist um especialista
[eshpuss-yaleeshtuh]
specially especialmente [eshpuss-yal-ment]
spectacles óculos [ockooloosh]
speed a velocidade [veloossy-dahd]
   speed limit o limite de velocidade [leemeet
   duh veloosy-dahd]
   he was speeding excedia o limite de
   velocidade [eesh-sedee-uh ...]
   speedometer o conta-quilómetros
   [kontuh-keelommetroosh]
» *TRAVEL TIP: the limit in built-up areas is 60 kph
(37 mph)*
spend *(money)* gastar [gashtar]
spice especiaria [shpess-yaree-uh]
   is it spicy? é picante? [eh peekant]
   it's too spicy é demasiado picante [eh
   damuzzy-ah-doo peekant]
spider uma aranha [arahn-yuh]
spirits bebidas alcoólicas [bebeeduz
alk-wolly-kush]
spoon uma colher [kool-yair]
sprain: I've sprained my ... torci o/a ...
[toorsee]
spring uma mola [molluh]
   (season) Primavera [preemuh-verruh]
square *(in town)* uma praça [prah-suh]
   2 square metres dois metros quadrados
   [doysh metroosh kwadrah-doosh]
stairs a escada [shkah-duh]
stale *(bread)* duro [dooroo]
stall: it keeps stalling está a falhar [shtah uh
fal-yar]
stalls plateia [platayyuh]

stamp um selo [selloo]
  two stamps for England dois selos para Inglaterra [doysh selloosh para eenglaterruh]
stand *(verb)* estar de pé [shtar duh peh]
standard *(adjective)* normal [noormal]
star uma estrela [shtrelluh]
starboard estibordo [shteebordoo]
start o começo [koomessoo]
  my car won't start o motor não pega [oo mootor nowng pegguh]
  when does it start? a que horas começa? [uh kee orush koomessuh]
starter *(car)* o motor de arranque [mootor darrank]
starving: I'm starving estou morto de fome [shtoh mort duh fom]
station a estação [shtassowng]
statue uma estátua [shtat-wuh]
stay: we enjoyed our stay gostámos imenso da nossa estadia [goosh-tammooz eemensoo duh nossuh shtadee-uh]
  stay there pare aí [par a-ee]
  I'm staying at ... estou hospedado em ... [astoh oshpedah-doo eng ...]
steak um bife [beef]
  YOU MAY THEN HEAR ...
  bem passado [beng passah-doo] *well done*
  normal [noormal] *medium*
  em sangue [eng sanguh] *rare*
steep íngreme [eengrem]
steering *(car)* a direção [deeressowng]
steering wheel o volante [voolant]
step *(noun)* um degrau [dugrow]
stereo estereofónico [shterry-oo-fonnikoo]
sterling esterlina [shterleenuh]
stewardess a hospedeira [o-shpeday-ruh]
sticking plaster um adesivo [ad-zeevoo]
sticky pegajoso [pugguh-jo-zoo]
stiff *(door etc)* duro [dooroo]
still: keep still fique quieto [feekuh kee-ettoo]

....

I'm still here ainda estou aqui [uh-*ee*nduh shtoh ak*ee*]

stink *(noun)* um mau cheiro [m*a*h-oo sh*a*yroo]

stolen: my wallet's been stolen roubaram-me a carteira [ro-b*a*rowng-muh uh kart*a*yruh]

stomach o estômago [sht*o*h-magoo]

   I've got stomach-ache estou com dores de estômago [shtoh kong d*o*rush duh sht*o*h-magoo]

   have you got something for an upset stomach? tem alguma coisa para as dores de estômago? [teng alg*oo*muh k*o*y-zuh para ush d*o*rush dush-t*o*h-magoo]

stone uma pedra [p*e*druh]

» *TRAVEL TIP: 1 stone = 6.35 kilos*

stop: stop! pare! [par]

   a stop-over escala [shk*a*h-luh]

   do you stop near . . .? pára perto de . . .? [p*a*h-ruh p*a*irtoo duh]

storm uma tempestade [tempesh-t*a*hd]

straight direito [deer*a*ytoo]

   go straight on vá a direito [vah uh deer*a*ytoo]

   straight away imediatamente [eemuddy-*a*htuh-m*e*nt]

   straight whisky um whisky puro [p*oo*roo]

strange estranho [shtr*a*hn-yoo]

stranger um estranho [shtr*a*hn-yoo]

   I'm a stranger here sou de fora [soh . . .]

strawberries morangos [moor*a*ngoosh]

street a rua [r*oo*-uh]

string: have you got any string? tem cordel? [teng koord*e*l]

stroke: he's had a stroke teve um ataque cardíaco [tev oom at*a*ck kerd*ee*-uh-koo]

strong forte [fort]

student um estudante [shtood*a*nt]

stung: I've been stung (by a jelly fish) picou-me (uma alforreca) [peek*o*h-muh *oo*muh alf*oo*r*e*ckuh]

stupid estúpido [sht*oo*piddoo]

such: such a lot tanto [t*a*ntoo]

suddenly subitamente [soobittuh-ment]
sugar açúcar [assookar]
suit um fato [fah-too]
  suitcase uma mala [mah-luh]
suitable adequado [adduh-kwah-doo]
summer Verão [verowng]
sun o sol
  in the sun ao sol [ow . . .]
  out of the sun à sombra [ah sombruh]
  sunbathe tomar banhos de sol [bahn-yoosh]
  sunburn queimadura de sol
  [kay-madooruh . . .]
  sunglasses óculos de sol [okkooloosh . . .]
  sunstroke uma insolação [eensooluh-sowng]
  suntan um bronzeado [bronzee-ah-doo]
  suntan oil óleo para bronzear [ollee-oo . . .]
Sunday domingo [doomeengoo]
supermarket um supermercado
  [sooper-merkah-doo]
supper o jantar
sure: I'm not sure não tenho a certeza [nowng
  ten-yoo uh serteh-zuh]
  sure! claro! [klah-roo]
  are you sure? tem a certeza? [teng . . .]
surfboard uma prancha [pranshuh]
surfing: to go surfing fazer surf [fazair . . .]
surname o apelido [uppel-eedoo]
swearword uma praga [prah-guh]
sweat (verb) suar [soo-ar]
sweet doce [dose]
  (dessert) uma sobremesa [sobruh-meh-zuh]
  sweets rebuçados [reboosah-doosh]
swerve: I had to swerve tive de guinar para o
  lado [teev duh gheenar proh lah-doo]
swim: I'm going for a swim vou tomar banho
  [voh toomar bahn-yoo]
  let's go for a swim vamos tomar banho
  [vah-moosh . . .]
  swimming costume um fato de banho
  [fah-too . . .]

swimming pool a piscina [peesh-*see*nuh]
switch *(noun)* o interruptor [eenter*oo*pt*o*r]
  to switch something on/off ligar/desligar
  [leeg*a*r/dushleeg*a*r]
table uma mesa [m*eh*-zuh]
  a table for 4 uma mesa para quatro pessoas
  [m*eh*-zuh para kw*a*troo puss*o*h-ush]
  table wine vinho de mesa [v*ee*n-yoo . . .]
take tomar [toom*a*r]
  can I take this with me? posso levar isto
  comigo? [p*o*ssoo luvv*a*r *ee*shtoo koom*ee*goo]
  will you take me to the airport? quer
  levar-me ao aeroporto? [kair luvv*a*r-muh ow
  uh-airoo-p*o*rtoo]
  how long will it take? quanto tempo vai
  levar? [kw*a*ntoo t*e*mpoo vye luvv*a*r]
  somebody has taken my bags roubaram-me
  as malas [ro-b*a*rowng-muh ush m*a*h-lush]
  can I take you out tonight? posso convidá-la
  a sair comigo esta noite? [p*o*ssoo konveed*a*h-luh
  uh suh-*ee*r koom*ee*goo *e*shtuh noyt]
  is this seat taken? está ocupado este lugar
  [shtah okoop*a*h-doo ehsht loog*a*r]
talcum powder pó de talco [p*o*h duh ′t*a*l-koo]
talk *(verb)* falar [fal*a*r]
tall alto [*a*ltoo]
tampons tampax
tan um bronzeado [bronzee-*a*h-doo]
tank *(of car)* o depósito [dep*o*zzitoo]
tap a torneira [toorn*a*yruh]
tape uma fita [f*ee*tuh]
tape-recorder um gravador [gruvvad*o*r]
tariff a tarifa [tar*ee*fuh]
taste *(noun)* o sabor
  can I taste it? posso prová-lo? [p*o*ssoo
  proov*a*h-loo]
  it tastes horrible/very nice sabe muito
  mal/bem [s*a*hb mw*ee*ntoo mal/beng]
taxi um táxi
  will you get me a taxi? pode chamar-me um

táxi? [pod shamar-muh . . .]
where can I get a taxi? onde posso encontrar
um táxi? [onduh possoo enkontrar . . .]
taxi-driver o pracista [prasseeshtuh]
tea chá [sha]
could I have a cup of tea? queria um chá
[kree-uh oom sha]
YOU MAY THEN HEAR . . .
com leite? [kong layt] *with milk*
com limão? [kong leemowng] *with lemon?*
» *TRAVEL TIP: tea is normally served without milk*
teach: could you teach me? pode ensinar-me?
[pod enseenar-muh]
could you teach me Portuguese? pode
ensinar-me português? [. . . poortoo-gesh]
teacher o professor [proof-sor]
telegram um telegrama [tulluh-grah-muh]
I want to send a telegram quero enviar um
telegrama [kairoo envee-ar . . .]
telephone *(noun)* o telefone [tulluh-fon]
can I make a phone-call? posso usar o
telefone? [possoo oo-zar . . .]
can I speak to . . .? posso falar com . . .
could you get the number for me? *(dial)*
podia marcar-me, por favor? [poodee-uh
markar-muh, poor fuh-vor]
telephone directory a lista telefónica [uh
leeshtuh tulfonnikuh]
» *TRAVEL TIP: two types of phone: normal one, you
dial then feed when you get an answer; red one in
cafés, feed first then dial*
television a televisão [tulluh-veezowng]
I'd like to watch television queria ver a
televisão [kree-uh vair . . .]
tell: could you tell me where . . .? pode
dizer-me onde . . .? [pod deezair-muh onduh]
temperature *(weather etc)* a temperatura
[temperuh-tooruh]
he's got a temperature tem febre [taim
februh]

....

tennis ténis
   tennis court o campo de ténis [kampoo . . .]
   tennis racket a raquete de ténis [rakett . . .]
   tennis ball a bola de ténis [bolluh . . .]
tent uma tenda [tenduh]
terminus o terminal [termeenal]
terrible terrível [terreevel]
terrific porreiro [poorayroo]
than do que [doo kuh]
   bigger/older than . . . maior/mais velho do
   que . . . [muh-yor/my-sh vel-yoo doo kuh]
thanks, thank you obrigado/a
   [o-breegah-doo/duh]
   thank you very much muito obrigado
   no thank you não obrigado/a [nowng . . .]
   thank you for your help agradeço-lhe muito
   a sua ajuda [agradessool-yuh mweentoo uh
   soo-uh ajooduh]
   YOU MAY THEN HEAR . . .
   não tem de quê *you're welcome*
that: that man/that table/that esse
   homem/essa mesa/isso [ehss ommeng/essuh
   meh-zuh/ee-soo]
   I would like that one queria esse mesmo
   [kree-uh ehss mej-moo]
   how do you say that? como se diz isso?
   [ko-moo suh deez ee-soo]
   I think that . . . acho que . . . [ah-shoo kuh]
the o/a/os/as **the book(s)** o(s) livro(s) [oo(sh)
   leevroo(sh)]
   the table(s) a(s) mesa(s) [uh(sh) meh-zuh(sh)]
theatre o teatro [tee-ah-troo]
their o/a/os/as deles [oo/uh/oosh/ush deh-lush]
   it's their bag/it's theirs é a mala/é deles [eh
   uh mah-luh/eh deh-lush]
them os [oosh]; as [ush]
   for them para eles [par eh-lush]
   who? – them quem? – eles [kaing – eh-lush]
then então [entowng]
there ali [alee]

how do I get there? como é que chego lá?
[komoo eh kuh sheggoo lah]
there is/there are há [ah]
is there . . .?/are there . . .? há . . .?
there you are *(giving something)* tome lá [tom lah]
these estes/estas [eh-shtush/eshtush]
they eles/elas [eh-lush/ellush]
they are são [sowng]; estão [shtowng]
thick espesso [shpessoo]
(stupid) estúpido [shtoopidoo]
thief um ladrão [ladrowng]
thigh a coxa [koshuh]
thin magro [magroo]
thing uma coisa [koy-zuh]
all my things todas as minhas coisas [toh-duz ush meen-yush koy-zush]
think pensar
I'll think it over pensarei nisso [pensaray neesoo]
I think so/I don't think so acho que sim/não [ah-shoo kuh seeng/nowng]
third *(adjective)* terceiro [ter-say-roo]
thirsty: I'm thirsty tenho sede [tenyoo sed]
this: this hotel/this street/this este hotel/esta rua/isto [ehsht o-tel/eshtuh roo-uh/eeshtoo]
can I have this one? posso levar este? [possoo luvvar ehsht]
this is my wife/this is Mr . . . esta é a minha mulher/este é o Sr . . . [eshtuh eh uh meenyuh mool-yair/ehsht eh oo sun-yor]
is this . . .? é isto . . .? [eh eeshtoo]
those esses/essas [eh-sush/essush]
thread *(noun)* fio [fee-oo]
throat a garganta
throttle *(motorbike, boat)* o acelerador [asulleruh-dor]
through através de [atravesh duh]
throw *(verb)* atirar [uh-teerar]
thumb o polegar

....

thunder *(noun)* o trovão [troovowng]
  thunderstorm a trovoada [troov-wah-duh]
Thursday quinta-feira [keentuh fayruh]
ticket *(train, bus, plane, boat, cinema)* um bilhete [oom beel-yet]
  (cloakroom) a senha [uh senyuh]
tie *(necktie)* uma gravata
tight *(clothes)* apertado [apertah-doo]
  they're too tight apertam-me muito [apair-towng-muh mweentoo]
tights uns collants [oonsh kollantsh]
time tempo [tempoo]
  what's the time? que horas são? [kee orush sowng]
  I haven't got time não tenho tempo [nowng tenyoo tempoo]
  for the time being por enquanto [poor enkwantoo]
  this time/last time/next time esta vez/a última vez/a próxima vez [eshtuh vesh/uh ooltimuh vesh/uh prossimuh vesh]
  3 times três vezes [tresh veh-zush]
  have a good time! divirta-se! [deeveertuh-suh]
  timetable o horário [oo orar-yoo]
» *TRAVEL TIP: how to tell the time*
  it's one o'clock é uma hora [eh oomuh oruh]
  it's two/three/four o'clock são duas/três/quatro horas [sowng doo-ush/tresh/kwatroo orush]
  it's 5/10/20/25 past seven são sete e cinco/dez/vinte/vinte e cinco [sowng set ee seenkoo/desh/veent/veent-ee-seenkoo]
  it's quarter past eight/eight fifteen são oito e um quarto [sowng oy-too ee oom kwartoo]
  it's half past nine/nine thirty são nove e meia [sowng nov ee mayuh]
  it's 25/20/10/5 to ten são dez menos vinte e cinco/vinte/dez/cinco [sowng desh meh-noosh . . .]

it's quarter to eleven/10.45 são onze menos
um quarto
it's twelve o'clock (midday/p.m.) é meio-
dia [eh mayoo-d*ee*-uh]
it's twelve o'clock (midnight/a.m.) é
meia-noite [eh mayuh-n*oy*t]
it's 12.10 p.m. é meio-dia e dez [eh
mayoo-d*ee*-uh ee desh]
at one à uma [ah *oo*muh]
at two/three/etc às duas/três/etc [ash
d*oo*-ush . . .]
tin *(can)* uma l*a*ta
tin-opener um abre-latas [*a*h-bruh-l*a*tush]
tip *(noun)* uma gorjeta [goor-j*e*ttuh]
is the tip included? está incluído o serviço?
[shtah eenklw*ee*doo oo serv*ee*-soo]
» *TRAVEL TIP: a 10% tip would be normal
(restaurant, hotel, bar, porter, taxi); don't forget
a tip for the cinema usher*
tired cansado [kans*a*h-doo]
I'm tired estou cansado [shtoh . . .]
tissues lenços de papel [l*e*nsoosh duh pupp*e*ll]
to: to Lisbon/England a Lisboa/para
Inglaterra [uh leej-b*o*-uh/para eengluh-t*e*rruh]
toast uma torrada [toor*a*h-duh]
(drinking) um brinde [breend]
tobacco tabaco [tab*a*h-koo]
tobacconist's a tabacaria [tabakker*ee*-uh]
today hoje [oje]
toe um dedo do pé [d*e*h-doo doo peh]
together junto [j*oo*ntoo]
we're together viemos juntos [vee-
*e*mmoosh . . .]
can we pay all together? podemos pagar tudo
junto? [pood*e*h-moosh pag*a*r t*oo*doo . . .]
toilet o quarto de banho [kw*a*rtoo duh b*a*hn-yoo]
where are the toilets? onde ficam os lavabos?
[*o*nduh f*ee*kowng oosh lav*a*h-boosh]
I have to go to the toilet tenho de ir ao quarto
de banho [t*e*n-yoo duh eer ow . . .]

there's no toilet paper não há papel higiénico [nowng ah puppell eej-yennikoo]

» *TRAVEL TIP: not many public conveniences; but you can use a bar or cafe instead*

tomato tomate [toomat]
  tomato ketchup ketchup
  tomato juice um sumo de tomate [oom soomoo duh . . .]

tomorrow amanhã [aman-yang]
  tomorrow morning/afternoon/evening amanhã de manhã/à tarde/à noite [. . . duh man-yang/. . . ah tard/. . . ah noyt]
  the day after tomorrow depois de amanhã [duh-poysh daman-yang]
  see you tomorrow até amanhã [ateh . . .]

ton tonelada [toonelah-duh]
» *TRAVEL TIP: 1 ton = 1,016 kilos*

tongue a língua [leen-gwuh]

tonic *(water)* água tónica [ahg-wuh tonnikuh]

tonight esta noite [eshtuh noyt]

tonne uma tonelada (métrica) [toonelah-duh metrikuh]
» *TRAVEL TIP: 1 tonne = 1000 kilos = metric ton*

tonsils as amígdalas [uz ameegdalush]

tonsilitis amigdalite [ameegdaleet]

too demasiado [demuz-yah-doo]
  (also) também [tambeng]
  that's too much é demasiado [eh . . .]

tool uma ferramenta [furruh-mentuh]

tooth um dente [dent]
  I've got toothache tenho uma dor de dentes [ten-yoo oomuh dor duh dentsh]
  toothbrush escova de dentes [shkovvuh . . .]
  toothpaste pasta de dentes [pashtuh . . .]

top: on top of . . . em cima de . . . [eng seemuh duh]
  on the top floor no último andar [noo ooltimmoo andar]
  at the top no alto [noo altoo]

torch uma lanterna [lantairnuh]

total *(noun)* o total [tootal]
tough *(meat)* dura [dooruh]
tour *(noun)* uma excursão [shkoorsowng]
   we'd like to go on a tour of ... gostaríamos
   de ir fazer uma viagem por ...
   [gooshtaree-amoosh deer fazair oomuh
   vee-ah-jeng poor]
   we're touring around estamos a fazer
   turismo [shtah-mooz uh fazair tooreej-moo]
tourist um turista [tooreeshtuh]
   I'm a tourist sou turista [so ...]
   tourist office o turismo [tooreej-moo]
tow *(verb)* rebocar [rebookar]
   can you give me a tow? pode rebocar o meu
   carro? [pod rebookar oo meh-oo karroo]
   towrope o cabo de reboque [kah-boo duh
   rebock]
towards para [para]
   he was coming straight towards me vinha
   direito a mim [veen-yuh deeraytoo uh meeng]
towel uma toalha [too-al-yuh]
town uma cidade [seedahd] *(small)* uma vila
   [veeluh]
   in town na cidade [nuh seedad]
   would you take me into the town? pode
   levar-me para o centro? [pod luvvar-muh proh
   sentroo]
traditional tradicional [tradeess-yoonal]
   a traditional Portuguese meal uma refeição
   tradicional portuguesa [refay-sowng
   tradeess-yoonal poortoo-gheh-zuh]
traffic o trânsito [oo tranzitoo]
   traffic lights os semáforos [oosh
   semaffooroosh]
train o comboio [komboyyoo]
» *TRAVEL TIP: often crowded; wise to book in
   advance*
tranquillizers tranquilizantes
   [trankweeleezantsh]
translate traduzir [tradoozeer]

would you translate that for me? pode traduzir-me isso? [pod tradoo*zeer*-muh *ee*soo]

transmission *(car)* a transmissão [tranjmee*sowng*]

travel agent's a agência de viagens [a*jenss*-yuh duh vee-*ah*-jensh]

traveller's cheque um travel-cheque [travel-sheck]

tree uma árvore [*arvoor*]

tremendous bestial [bushtee-*al*]

trim: just a trim please um pequeno corte, por favor [oom pek*eh*-noo kort, poor fuh-*vor*]

trip *(noun)* uma excursão [shkoor-*sowng*]
we want to go on a trip to . . . queremos fazer uma excursão a . . . [kr*eh*-moosh faz*air* *oo*muh shkoor-*sowng* uh]

trouble *(noun)* problemas [proobl*eh*-mush]
I'm having trouble with . . . tenho tido problemas com . . . [t*en*-yoo t*ee*doo . . .]

trousers as calças [ush k*al*-sush]

true verdadeiro [verdad*ay*-roo]
it's not true não é verdade [nowng eh verd*ad*]

trunks *(swimming)* um fato de banho (para homens) [f*ah*-too duh b*ah*n-yoo para *om*mengsh]

trust: I trust you confio em você [komf*ee*-oo aim vo-*seh*]

try *(verb)* tentar
please try tente, por favor [tent poor fuh-*vor*]
can I try it on? posso prová-lo? [p*o*ssoo proov*ah*-loo]

T-shirt uma 'T-shirt'

Tuesday terça-feira [tersuh-f*ay*ruh]

tunnel um túnel [*too*nell]

turn: where do we turn off? onde é que viramos? [ondee-eh kuh veer*ah*-moosh]
he turned without indicating virou sem fazer sinal [veer*oh* seng faz*air* see*nal*]

twice duas vezes [d*oo*-ush veh-zush]
twice as much o dobro [oo d*oh*-broo]

....

twin beds duas camas separadas [doo-ush
kah-mush seperah-dush]
two dois [doysh]; duas [doo-ush]
typewriter uma máquina de escrever
[macky-nuh duh shkruvvair]
typical típico [teepikoo]
tyre um pneu [p-neh-oo]
I need a new tyre preciso dum pneu novo
[preseezoo doom p-neh-oo no-voo]
» *TRAVEL TIP: tyre pressures*

lb/sq in	18	20	22	24	26	28	30
kg/sq cm	1.3	1.4	1.5	1.7	1.8	2	2.1

ugly feio [fayyoo]
ulcer uma úlcera [oolseruh]
Ulster Ulster [oolstair]
umbrella um guarda-chuva [gwarduh-shoovuh]
uncle: my uncle o meu tio [oo meh-oo tee-oo]
uncomfortable incómodo [eenkommoodoo]
unconscious inconsciente [eenkonsh-see-ent]
under debaixo de [duh-by-shoo duh]
underdone mal passado [passah-doo]
underground *(rail)* o metro [metroo]; see
metro
understand: I understand já percebi [jah
persebee]
I don't understand não percebo [nowng
persebboo]
do you understand? está a compreender?
[shtah uh kompree-endair]
undo desfazer [dush-fuzzair]
unfriendly antipático [anteepattikoo]
unhappy infeliz [eemfeleesh]
United States Estados Unidos
[shtah-dooz-ooneedoosh]
unleaded sem chumbo [saing shoombo]
unlock abrir [abreer]
until até a [ateh uh]
until next year até ao ano que vem [ateh ow
ah-noo kuh veng]
unusual pouco vulgar [pokoo voolgar]
up: up there lá em cima [lah eng seemuh]

he's not up yet ainda não está levantado
[uh-*ee*nduh nowng shtah levant*a*h-doo]
what's up? o que aconteceu? [oo kee
akontuss*e*h-oo]
upside-down de pernas para o ar [duh p*ai*rnush
proh ar]
upstairs em cima [eng s*ee*muh]
urgent urgente [oor-j*e*nt]
us nos [noosh]
 for us para·nós [para nosh]
 with us connosco [kon*o*shkoo]
use: can I use . . .? posso usar . . .? [p*o*ssoo
oo*za*r]
useful útil [*oo*teel]
uso externo *for external use only*
usual usual [ooz-w*a*l]; **as usual** como de
costume [k*o*-moo duh koosht*oo*m]
usually usualmente [ooz-wal-m*e*nt]
U-turn inversão de marcha [eemver-s*o*wng duh
m*a*rshuh]
vacancy: do you have any vacancies? tem
quartos livres? [teng kw*a*rtoosh l*ee*vrush]
vacate *(room)* desocupar [duzzoh-koop*a*r]
vaccination a vacinação [vasseena-s*o*wng]
vacuum flask um termo [t*ai*rmoo]
valid válido [v*a*llidoo]
 how long is it valid for? é válido para quanto
tempo? [eh v*a*llidoo para kw*a*ntoo t*e*mpoo]
valley um vale [oom val]
valuable valioso [valee-*o*-zoo]
 will you look after my valuables? pode
guardar-me os meus objectos? [pod
gward*a*r-muh oosh m*e*h-ooz objett*oo*sh]
value *(noun)* o valor
valve uma válvula [v*a*lvooluh]
van um furgão [foorg*o*wng]
vanilla baunilha [bow-n*ee*l-yuh]
varicose veins varizes [var*ee*zush]
veal vitela [veet*e*lluh]
vedado ao trânsito *road closed*

vegetables legumes [legoomsh]
vegetarian vegetariano [vejeturry-ah-noo]
vende-se *for sale*
veneno *poison*
ventilator o exaustor [eezowsh-tor]
very muito [mweentoo]
  very much imenso [eemensoo]
via via [vee-uh]
village uma aldeia [al-day-uh]
vine uma videira [vee-day-ruh]
vinegar vinagre [veenah-gruh]
vineyard uma vinha [veen-yuh]
vintage *(noun)* a colheita [kool-yay-tuh]
  (adjective) velho [vel-yo]
violent violento [vee-oolentoo]
visibility a visibilidade [veezeebeeleedad]
visit *(verb)* visitar [veezeetar]
vôdka vodka
voice a voz [vosh]
voltage a voltagem [voltah-jeng]
waist a cintura [seentooruh]
» *TRAVEL TIP: waist measurements*

UK	24	26	28	30	32	34	36	38
Portugal	61	66	71	76	80	87	91	97

wait: will we have to wait long? temos de
  esperar muito tempo ainda? [teh-moosh duh
  shperar mweentoo tempoo uh-eenduh]
  wait for me espere por mim [shpair poor
  meeng]
  I'm waiting for a friend/my wife estou à
  espera dum amigo/da minha mulher [shtoh ah
  shpairuh doom ameegoo/duh meen-yuh
  mool-yair]
waiter o empregado [empregah-doo]
  waiter! se faz favor! [suh fash fuh-vor]
waitress a empregada [empregah-duh]
  waitress! se faz favor! [suh fash fuh-vor]
wake: will you wake me up at 7.30? pode
  acordar-me às sete e meia? [pod akoordar-muh
  ash set ee mayyuh]

Wales País de Gales [pa-*ee*sh duh g*a*h-lush]
walk: can we walk there? podemos ir até lá a
pé? [pood*e*h-mooz eer at*e*h lah uh peh]
  are there any good walks around here? há
  alguns passeios bonitos por aqui? [ah alg*oo*nsh
  pass*a*yyoosh boon*ee*toosh poor ak*ee*]
  walking shoes sapatos leves [sap*a*h-toosh
  levsh]
  walking stick uma bengala [beng*a*h-luh]
wall a parede [par*e*d]
wallet uma carteira [kart*a*yruh]
want: I want a . . . queria um . . . [kr*ee*-uh oom]
  I want to talk to . . . quero falar com . . .
  [k*a*iroo fal*a*r kong]
  what do you want? o que deseja? [oo kuh
  duzz*e*jjuh]
  I don't want to não quero [nowng k*a*iroo]
  he wants to . . . quer . . . [kair]
warm quente [kent]
  it's rather warm está calor [shtah kal*o*r]
  I'm very warm estou com muito calor [shtoh
  kong mweent kal*o*r]
warning um aviso [av*ee*zoo]
was: I was/he was (eu) era; estava (ele) era;
estava
  it was era; estava [*e*rruh; sht*a*h-vuh]
wash: can you wash these for me? pode
lavar-me isto? [pod lavv*a*r-muh *ee*shtoo]
  where can I wash . . .? onde posso lavar . . .?
  [*o*nduh p*o*ssoo lavv*a*r]
  washing machine uma máquina de lavar
  [m*a*cky-nuh duh lavv*a*r]
  washing powder detergente [deter-jent]
wasp uma vespa [v*e*shpuh]
watch (*wrist-*) um relógio (de pulso) [reloj-yoo
duh p*oo*lsoo]
  will you watch my bags for me? pode tomar
  conta da minha bagagem? [pod toom*a*r k*o*ntuh
  duh m*ee*n-yuh bag*a*h-jeng]
  watch out! cuidado! [kweed*a*h-doo]

water água [*a*hg-wuh]
   can I have some water? posso beber água?
   [p*o*ssoo beb*ai*r *a*hg-wuh]
   hot and cold running water água quente e
   fria [*a*hg-wuh kent ee fr*ee*-uh]
   waterproof à prova de água [ah pr*o*vvuh
   d*a*hg-wuh]
   waterskiing ski aquático
   [shkee akw*a*tikoo]
**way: we'd like to eat the Portuguese
   way** queríamos comer um prato português
   [kr*ee*-amoosh koom*ai*r oom pr*a*h-too
   poortoo-g*e*sh]
   could you tell me the way to . . .? pode
   indicar-me o caminho a . . .? [pod eendik*a*r-muh
   oo kam*ee*n-yoo uh]
   see **where** *for answers*
we nós [nosh]
   we are English somos ingleses [s*o*-mooz
   eengl*e*h-zush]
   we are tired estamos cansados [sht*a*h-moosh
   kans*a*h-doosh]
weak fraco [fr*a*h-koo]
weather o tempo [t*e*mpoo]
   what filthy weather! que tempo horrível!
   [kuh t*e*mpoo o-r*ee*vel]
   what's the weather forecast? qual é a
   previsão do tempo? [kwal eh uh pruvveez*o*wng
   doo t*e*mpoo]
   YOU MAY THEN HEAR . . .
   vai chover *it's going to rain*
   haverá sol *it'll be sunny*
   o tempo vai melhorar *it'll clear up*
Wednesday quarta-feira [kw*a*rta-f*a*yruh]
week uma semana [sem*a*h-nuh]
   a week today/tomorrow de hoje/amanhã a
   uma semana [dee oje/aman-y*a*ng uh *oo*muh
   sem*a*h-nuh]
   at the weekend no fim de semana [noo
   feeng . . .]

....

weight o peso [p*e*h-zoo]
well: I'm not feeling well não me sinto bem
[nowng muh s*ee*ntoo beng]
  he's not well não está bem [nowng shtah . . .]
  how are you? very well, thanks como está?
muito bem, obrigado [k*o*-moo shtah – mw*ee*ntoo
beng, o-breeg*a*h-doo]
  you speak English very well fala inglês
muito bem [f*a*h-luh eengl*e*sh mw*ee*ntoo beng]
wellingtons botas de borracha [b*o*ttush duh
boor*a*h-shuh]
Welsh galês [gal*e*sh]
were: you were *(singular)* (você) era/estava;
(tu) eras/estavas [*e*rrush/sht*a*h-vush]
  you were *(plural)* eram/estavam
see **you**
  we were éramos; estávamos [*e*rramoosh;
sht*a*hvamoosh]
  they were eram; estavam [*e*rrowng;
sht*a*vowng]
west oeste [w*e*sht]
West Indian antilhano [anteel-y*a*h-noo]
West Indies As Antilhas [uz ant*ee*l-yush]
wet molhado [mol-y*a*h-doo]
wet suit um fato isotérmico [f*a*h-too
eezot*ai*rmikoo]
what o que [oo kuh]
  what? a quê? [oo k*e*h]
  what is that? o que é isso? [oo kee eh *ee*ssoo]
  what for? para quê? [para k*e*h]
wheel uma roda [r*o*dduh]
when quando [kw*a*ndoo]
  when is breakfast? a que horas é o pequeno
almoço? [uh kee *o*ruz eh oo pik*e*h-noo al-m*o*-soo]
where onde
  where is the Post Office? onde é o Correio?
[*o*ndee eh oo koor*a*yoo]
  YOU MAY THEN HEAR . . .
  vá até ao segundo cruzamento *go as far as the
second crossroads*

vá a direito *straight on*
vire à esquerda/à direita *turn left/right*
lá em baixo *down there*
which qual [kwal]
   which one? qual deles? [kwal deh-lush]
   YOU MAY THEN HEAR...
   este/esta *this one*
   esse/essa *that one*
   aquele/aquela *that one over there*
whisky o whisky [weeshkee]
white branco [brankoo]
Whitsun Pentecostes [pentuh-koshtush]
who quem [keng]
whose de quem [duh keng]
   whose is this? de quem é isto? [duh keng eh eeshtoo]
   YOU MAY THEN HEAR...
   é meu/minha *it is mine*
   é de você/dele/dela *it is yours/his/hers*
why porquê? [poor-keh]
   why not? porque não? [poorkuh nowng]
   YOU MAY THEN HEAR...
   porque... *because...*
wide largo [largoo]
wife: my wife minha mulher [meen-yuh mool-yair]
will: when will it be finished? quando estará terminado? [kwandoo shtarah terminah-doo]
   will you do it? faz isso? [faz eesoo]
   I will come back eu volto [eh-oo voltoo]
win ganhar [gan-yar]
   who won? quem ganhou? [keng gan-yoh]
wind *(noun)* vento [ventoo]
window a janela [janelluh]
   near the window ao pé da janela [ow peh duh...]
windscreen o pára-brisas [paruh-breezush]
   windscreen wipers os limpa-vidros [oosh leempuh-veedroosh]
windy: it's windy faz vento [fash ventoo]

....

wine vinho [veen-yoo]
  can I see the wine list? posso ver a lista dos
  vinhos? [possoo vair uh leeshtuh doosh
  veen-yoosh]
» *TRAVEL TIP: a unique wine from NW Portugal is
  'vinho verde': a young, slightly sparkling wine,
  served well-chilled (try Alvarinho).
  Port: try white as well as red, preferably 30 yrs
  old; visit Instituto do Vinho do Porto, Rua da
  Misericórdia in Lisbon.
  Madeira: 3 grades: Bual, Sercial, Verdelho.
  Whites: for sweet white try Moscatel; for dry,
  Bucelas, Colares, Vidigueira.
  Reds: best are full-bodied; try Cave Solar das
  Francesas, Periquita, Porta de Cavaleiros.
  Rosé: Mateus
  Sparkling: by far the best – Raposeira.*
winter Inverno [eemvairnoo]
wire arame [aram] (elec) um fio [fee-oo]
wish: best wishes com os melhores
  cumprimentos
with com [kong]
without sem [seng]
witness uma testemunha [tushtuh-moon-yuh]
  will you act as a witness for me? quer ser
  minha testemunha? [kair sair meen-yuh . . .]
woman uma mulher [mool-yair]
  women as mulheres [mool-yairush]
wonderful maravilhoso [maraveel-yo-zoo]
won't: it won't start não pega [nowng pegguh]
wood madeira [madayruh]
  (forest) um bosque [boshk]
wool lã [lang]
word uma palavra [palahv-ruh]
  I don't know that word não conheço essa
  palavra [nowng koon-yessoo essuh palahv-ruh]
work (verb) trabalhar [trubble-yar]
  it's not working não funciona [nowng
  foonss-yonnuh]
  I work in London trabalho em Londres

[trabal-yoo eng londrush]

worry *(verb)* preocupar-se [pree-ookoopar-suh]
  I'm worried about him estou preocupado por
  causa dele [shtoh pree-ookoopah-doo poor
  kow-zuh dehl]
  don't worry não se preocupe [nowng suh
  pree-ookoop]

worse: it's worse está pior [shtah pee-or]
  he's getting worse está a piorar [shtah uh
  pee-oorar]

worst o pior [oo pee-or]

worth: it's not worth that much não vale
  assim tanto [nowng val asseeng tantoo]
  is it worthwhile going to . . .? vale a pena ir
  a . . .? [val uh peh-nuh eer uh]

wrap: could you wrap it up? pode
  embrulhá-lo? [pod embrool-yah-loo]

wrench *(tool)* uma chave inglesa [shahv
  eengleh-zuh]

wrist o pulso [poolsoo]

write escrever [shkruvvair]
  could you write it down? pode escrever isso?
  [pod shkruvvair eesoo]
  I'll write to you vou escrever-te [voh
  shkruvvair-tuh]
  writing paper papel de carta [puppell duh
  kartuh]

wrong errado [eerah-doo]
  I think the bill's wrong penso que se enganou
  na conta [pensoo kuh see enganoh nuh kontuh]
  there's something wrong with . . . passa-se
  qualquer coisa com . . . [passuh-suh kwal-kair
  koy-zuh kong]
  you're wrong está enganado [shtah
  enganah-doo]
  sorry, wrong number desculpe, enganou-se
  no número [dush-koolp, enganoh-suh noo
  noomeroo]

X-ray raio X [rye-oo sheesh]

yacht um yacht [yat]

....

yard uma jarda [jarduh]
» *TRAVEL TIP: 1 yard = 91.44 cms = 0.91 m*
year um ano [ah-noo]
yellow amarelo [amarelloo]
yes sim [seeng]
yesterday ontem [onteng]
   the day before yesterday ante ontem [antee
   onteng]
   yesterday morning/afternoon ontem de
   manhã/à tarde [onteng duh man-yang/ah tard]
yet: is it ready yet? já está pronto? [jah shtah
   pront]
   not yet ainda não [uh-eenduh nowng]
yoghurt um yogurte [yoogoort]
you tu/você/o senhor/a senhora [too/vo-seh/oo
   sun-yor/uh sun-yoruh]
   I like you gosto de ti [goshtoo duh tee]
   with you contigo [konteegoo]; com você
» *TRAVEL TIP: the word for 'you'/'yours' in
   Portuguese depends on how well one knows the
   person; with strangers 'o senhor/a senhora' (the
   gentleman/lady) is used; with acquaintances the
   polite 'você'; with good friends the familiar 'tu'*
young jovem [jovveng]
your *see* **you** o teu/a tua; o seu/a sua
   [teh-oo/too-uh]
   is this your camera? esta máquina é sua?
   [eshtuh macky-nuh eh soo-uh]
   is this yours? isto é seu? [eeshtoo eh seh-oo]
youth hostel albergue da juventude [albairg
   duh jooventood]
zero zero [zairoo]
   below zero abaixo de zero [abye-shoo duh . . .]
zip um fecho de correr [feshoo duh koorair]
***zona azul** parking permit zone*

....

 0 zero [zairoo]
 1 um [oom]
 2 dois [doysh]
 3 três [tresh]
 4 quatro [kwatroo]
 5 cinco [seenkoo]
 6 seis [saysh]
 7 sete [set]
 8 oito [oytoo]
 9 nove [nov]
10 dez [desh]
11 onze [onz]
12 doze [dohz]
13 treze [traiz]
14 catorze [katorz]
15 quinze [keenz]
16 dezasseis [duzzasaysh]
17 dezasete [duzzaset]
18 dezoito [duz-oy-too]
19 dezanove [duzzanov]
20 vinte [veent]
21 vinte e um [veent-ee-oom]
22 vinte e dois [veent-ee-doysh]
23 vinte e três
24 vinte e quatro
25 vinte e cinco
26 vinte e seis
27 vinte e sete
28 vinte e oito
29 vinte e nove
30 trinta [treentuh]
31 trinta e um [treent-ee-oom]
40 quarenta [kwarentuh]
41 quarenta e um [kwarent-ee-oom]
50 cinquenta [seenkwentuh]
51 cinquenta e um [seenkwent-ee-oom]
60 sessenta [sessentuh]
61 sessenta e um [sessent-ee-oom]

....

70 setenta [set*e*ntuh]
71 setenta e um [setent-ee-*oo*m]
80 oitenta [oy-t*e*ntuh]
81 oitenta e um [oy-tentee-*oo*m]
90 noventa [noov*e*ntuh]
91 noventa e um [noovent-ee-*oo*m]
100 cem [seng]
101 cento e um [s*e*ntoo-ee-*oo*m]
165 cento e sessenta e cinco
[s*e*ntoo-ee-sess*e*nt-ee-s*ee*nkoo]
200 duzentos [dooz*e*ntoosh]
300 trezentos [trez*e*ntoosh]
400 quatro centos [kwatroo-s*e*ntoosh]
500 quinhentos [keen-y*e*ntoosh]
600 seiscentos [saysh-s*e*ntoosh]
700 setecentos [set-s*e*ntoosh]
800 oitocentos [oy-toos*e*ntoosh]
900 novecentos [nov-s*e*ntoosh]
1,000 mil [meel]
2,000 dois mil [doysh meel]
4,650 quatro mil seiscentos e cinquenta
[kw*a*troo meel saysh-sentooz-ee
seenkw*e*nt]
1,000,000 um milhão [oom meel-y*o*wng]

*NB in Portuguese the comma is a decimal point;
for thousands use a full-stop, eg 4.000*

ALPHABET: how to spell in Portuguese
a [ah] ***b*** [beh] ***c*** [seh] ***d*** [deh] ***e*** [eh] ***f*** [ef]
g [jeh] ***h*** [ag*a*h] ***i*** [ee] ***j*** [j*o*ttuh] ***k*** [k*a*ppuh]
l [el] ***m*** [em] ***n*** [en] ***o*** [oh] ***p*** [peh] ***q*** [keh]
r [err] ***s*** [ess] ***t*** [teh] ***u*** [oo] ***v*** [veh] ***w*** [veh
d*oo*ploo] ***x*** [sheesh] ***y*** [*ee*psilon] ***z*** [zeh]